둥글둥글 지구촌

국제구호
이야기

함께 사는 세상 7
둥글둥글 지구촌 국제구호 이야기

초판 발행 2010년 9월 17일 | 초판 11쇄 발행 2024년 9월 2일
글쓴이 이수한 | 그린이 유남영
감수 월드비전 홍보팀 윤지영 | 사진·자료 제공 월드비전
펴낸이 홍 석 | 이사 홍성우 | 편집부장 이정은 | 편집 조유진 | 디자인 권영은·김영주
마케팅 이송희·김민경 | 제작 홍보람 | 관리 최우리·정원경·조영행
펴낸곳 도서출판 풀빛 | 등록 1979년 3월 6일 제2021-000055호 | 제조국 대한민국 | 사용 연령 8세 이상
주소 서울특별시 강서구 양천로 583 우림블루나인 A동 21층 2110호
전화 02-363-5995 (영업) 02-362-8900 (편집) | 팩스 070-4275-0445
전자우편 kids@pulbit.co.kr | 홈페이지 www.pulbit.co.kr

ⓒ이수한, 2010

ISBN 978-89-7474-652-0 73330
ISBN 978-89-7474-913-2 (세트)

이 책의 국립중앙도서관 출판시도서목록(CIP)은 e-CIP 홈페이지(http://www.nl.go.kr/ecip)에서
이용하실 수 있습니다.(CIP제어번호 : CIP2010003157)

*책값은 뒤표지에 표시되어 있습니다.

함께 사는 세상 7

둥글둥글 지구촌
국제구호
이야기

이수한 글 | 유남영 그림 | 월드비전 제휴

작가의 말 :: 국제 구호를 함께할 어린이들에게

여러분이 살아가고 있는 이 지구촌은 어떤 곳일까? 지구촌에는 약 65억 명의 사람들이 와글와글 모여 살고 있어. 태평양처럼 5개의 큰 바다와 아시아를 포함한 6개의 넓은 땅에 수많은 민족이 생활하고 있지. 많은 사람이 하루하루 즐겁게, 때로는 힘겹지만 오순도순 살고 있는 지구촌은 마치 하나의 마을과 같아.

이제 여러분은 지구촌 방방곡곡에 있는 사람들을 만나러 떠나게 될 거야. 여행이라고 하면 즐겁고 행복한 것을 떠올리겠지만, 이번 여행은 좀 특별한 여행이 될 거야. 세계 곳곳에 사는 어려운 친구들을 만나야 하거든. 힘겹게 살아가는 세계의 많은 사람을 만나보고 어떻게 하면 그들을 도울 수 있는지 생각하는 소중한 시간을 갖게 될 거야. 바로 국제 구호 활동을 하는 거지.

그런데 도대체 국제 구호 활동은 왜 하는 걸까?

65억 명 이라는 숫자를 100명으로 줄여서 지구촌을 하나의 작은 마을에 비유해 볼게. 지구촌 마을에 100명이 살고 있다고 생각해 볼까? 마을 주민 100명 가운데 75명은 당장 내일 먹을 끼니를 걱정하면서 하루하루 살고 있어. 그 가운데 나머지 25명만이 최소한의 먹을거리 걱정 없이 살고 있는 셈이지.

또, 100명 가운데 17명은 '깨끗한 물'을 구할 수 없는 환경에서 고통받고 있단다. 우리가 별 어려움 없이 구하는 식량이나 물 때문에 생명을 위협받는 사람들이 있다고 생각하니 이상하지?

하지만 지구촌 구호를 떠나보면 처음 접하는 사실이 이 뿐만은 아닐 거야.

살고 있던 나라에서 탈출해 다른 나라로 몸을 피한 사람들, 공부를 하고 싶어도 학교가 없어서 들판을 떠도는 친구들 또, 가족들의 생계를 위해 하루 종일 일해야만 하는 어린이의 사연도 접할 수 있어. 갑자기 지진이 나서 하루아침에 길거리에서 먹고 자야만 하는 사람들, 수많은 사람이 갖가지 어려움과 사연으로 국제 구호의 손길을 기다리고 있어. 우리가 조금만 관심을 가지고 주위를 둘러보면 멀지 않은 곳에 우리의 '손길' 과 '관심' 이 필요한 이들을 발견할 수 있을 거야.

우리가 세계 곳곳을 찾아다니며 어려움에 처한 모든 이들을 도와 줄 수는 없어. 하지만 이들에게 관심을 갖는 것은 가능할 거야. 여러분의 '관심' 이 바로 구호의 첫 단계라고 생각해. 가장 중요한 것이라 할 수 있어. 물론 당장 실천할 수 있는 작은 힘이라도 보태준다면 더없이 좋지만 말이야.

그러니까 이 책은 구호의 첫 단계인 '관심 갖기' 를 심어 주려고 기획되었어. 너희가 이 책을 보고 세계 곳곳의 소외되고 어려운 사람들에게 관심을 갖는다면 그것만으로도 나 누리 대장이 이 책을 쓰게 된 목적을 달성한 셈이야.

'한 사람이 혼자서 열 가지 일' 을 하는 것보다 '열 사람이 한 가지 일' 을 나눠서 하면 더욱 쉬운 것처럼 구호도 마찬 가지야. 함께 하는 사람이 많을 수록 효과가 배가 되겠지? 머리가 좋은 친구라면 이제 너희가 해야 할 임무가 무엇인지 알았을 거야. 자, 어린이 국제 구호팀 여러분! 이제 국제 구호 활동을 시작해 볼까?

2010년 9월

누리 대장 이수한

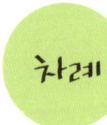

작가의 말 국제 구호를 함께할 어린이들에게 004

국제 구호 활동 1
목 타는 지구

아프리카 스와질란드에서 온 편지 012 알아보기★스와질란드에 무슨 일이 벌어진 걸까? 014 스와질란드에는 왜 물이 부족한 걸까? 016 {오염된 물을 먹으면 사람은 어떻게 될까} 016 {지구를 제정신이 아니게 만드는 지구 온난화} 018 {누구의 소유도 될 수 없는, 누구에게나 공평한 물} 020 출동, 국제 구호!★스와질란드에 우물을 파 주자! 022 생각 넓히기★물에도 소유권이 있을까? 028

국제 구호 활동 2
배고픈 지구

마카바라의 고향 아프리카의 기아 현실 032 하루 한 끼도 먹지 못하는 잠비아의 심각한 식량난 034 {지구촌 기아 문제 얼마나 심각할까?} 034 {기아는 왜 발생할까?} 036 {기아의 원인, 식량이 부족해서 그런 걸까?} 038 출동, 국제 구호!★아프리카에 굶주리는 어린이를 도와주자! 040 생각 넓히기★국제 구호 제대로 하는 걸까? 046

국제 구호 활동 3
외톨이 지구

미얀마에서 온 싯따웅 아저씨 050 알아보기★싯따웅 아저씨는 왜 미얀마를 떠났을까? 051 나라와 집을 잃고 떠도는 사람들, 난민 053 {어떤 사람을 난민이라고 할까?} 053 {난민은 왜 발생할까?} 055 {난민을 어떻게 대우해야 할까?} 057 출동, 국제 구호!★태국의 미얀마 난민촌으로 출발! 059 생각 넓히기★난민, 받아야 할까? 말아야 할까? 064

국제 구호 활동 4
몸살난 지구

보건 의료 사업

동티모르 축구 꿈나무 구스오 이야기 068 알아보기★비상을 기다리는 동티모르의 꿈나무들 070 동티모르에 무슨 일이 벌어진 걸까? 071 {동티모르의 아픈 역사와 보건 실태} 071 {보건 의료 사업이 중요한 이유는?} 073 {예방 가능한 질병이란?} 075 출동, 국제 구호!★동티모르 현장으로 출동! 077 생각 넓히기★기여 외교? 자원 외교? 바람직한 지원은? 082

국제 구호 활동 5
힘겨운 지구

아동 노동과 공정 무역

은비 가족의 하루와 아동 노동 086 알아보기★얼마나 많은 어린이가 노동으로 힘들어 할까? 087 아동 노동과 사회적 기업 089 {아동 노동이란?} 089 {아동 노동의 원인과 문제점은 어떤 것일까?} 091 {아동 노동과 공정 무역은 어떤 연관이 있을까?} 093 출동, 국제 구호!★인도 아동 노동 현장을 방문하다 095 생각 넓히기★합리적 소비와 윤리적 소비, 어떤 게 좋은 걸까? 100

국제 구호 활동 6
뒤처진 지구

교육과 지역 개발

아이들을 학교로 보내 주세요 104 알아보기★개발도상국에 교육이 꼭 필요한 이유 105 교육과 지역 개발 사업 왜 필요할까? 106 {문맹 퇴치 사업, 왜 필요할까?} 106 {지역 개발 사업이란, 무엇이고 왜 필요할까?} 108 {사회적 기업과 그라민 은행} 110 출동, 국제 구호!★네팔의 아동 케어 센터로 출동! 112 생각 넓히기★밥을 먹고 살까? 지식을 먹고 살까? 116

국제 구호 활동 7
외로운 지구

국내 구호

남수의 일기 120 알아보기★왜 폐휴지를 모으는 걸까? 122 국내 구호 어떻게 할까? 123 {최저 생계비는 누가 받을까?} 123 {사회적 약자는 어떤 사람을 말하는 걸까?} 125 {푸드 뱅크와 재능 기부는 무엇일까?} 127 출동, 국제 구호!★사랑과 위로가 담긴 도시락 배달! 129 생각 넓히기★전면 무상급식과 부분 무상급식 어떤 게 필요한 법안일까? 134

국제 구호 활동 8
위험한 지구
 긴급 구호

트위터로 전해진 아이티 대지진 138 알아보기★Help me please! 139 출동, 국제 구호!★아이티 대지진 현장으로 긴급 출동! 140 긴급 구호 얼마나 중요할까? 144 {긴급 구호란 무엇일까?} 144 {긴급 구호, 왜 72시간 안에 이루어져야 할까?} 146 {긴급구호의 체계적인 원칙은 무엇일까?} 148 생각 넓히기★긴급구호 다음 단계는? 150

국제 구호 활동 9
함께하는 지구
명사들의 노블리스 오블리제

조선 시대 최고의 여성 사업가, 김만덕 154 김밥 한 줄에 담긴 숭고한 정신, 이복순 할머니 155 '창조적 자본주의'를 강조한 빌 게이츠 156 150년간 대를 이어 기부를 실천하는 록펠러 158

국제 구호의 첫 이야기는 우리가 어려움 없이
구할 수 있다고 여기는 '깨끗한 물'에 관한 이야기야.
우선 우리가 구호 활동을 하기 전에 아프리카 스와질란드에서
온 스와티의 편지를 읽어 보려고 해. 스와티의 편지를 보고
나면 그동안 아무 생각 없이 펑펑 쓰던 '물' 때문에
지구 반대편에서 얼마나 많은 사람이 고통을 받는지
알게 될 거야.
게다가 '깨끗한 물'이라는 것은 하늘에서 뚝 떨어지는 것이
아닌, 인간의 많은 노력과 비용이 들어가야만 만들어지는
것이라는 것도 알게 될 거야.
이번 구호 활동으로 너희가 많은 깨달음을 얻었으면 해.
특히 물의 소중함과 모든 지구 생물의 공동 소유인
물의 올바른 사용법도 함께 알게 되었으면 해.

스와티가 살고 있는 스와질란드에
어떤 일이 벌어진 걸까?

Swaziland

아프리카 스와질란드에서 온 편지

잠보(안녕)! 한국의 친구들.

나는 아프리카의 스와질란드에 사는 스와티라고 해. 올해 10살이야.

내 꿈은 선생님이 되는 거야. 그런데 나는 지금 학교를 다니지 못하고 있어.

태어난 지 8개월 된 내 동생 로브실레가 오염된 물을 마시고 전염병에 걸렸거든. 그런데 엄마마저 영양실조로 누워 있어서 내가 동생을 돌볼 수밖에 없는 상황이야.

하루 종일 젖을 달라고 울고 보채는 동생 때문에 나는 학교에도 다닐 수 없어. 그러니 지금으로선 선생님이 되려 했던 내 꿈은 이룰 수 없는 꿈이 되어 버렸어.

아빠는 엄마가 임신 중일 때 일자리를 찾아 도시로 나가셨어. 그런데 연락이 끊겨서 지금은 살아 계신지조차 알 수 없어.

내가 사는 스와질란드는 2010년 월드컵이 열린 남아프리카 공화국 옆에 붙어 있어. 넓이는 한반도의 약 2분의 1 크기니까, 대한민국과 비슷한 크기야.

하지만 한국처럼 봄, 여름, 가을, 겨울이 뚜렷하지는 않아. 비가 많이 내리는 우기와 비가 오지 않는 건기로 나뉘지만 최근 몇 년간은 비가 오지 않았어. 그래서 땅바닥은 갈라지고, 풀 한포기 자라지 못해.

먹을 것은 물론이고 심지어 마실 물조차 너무 귀해서, 물을 구하려면 맨발로 흙먼지 풀풀 날리는 사막 같은 길을 세 시간 정도 걸어야 해. 그마저도 깨끗한 물이면 좋으련만 물에는 흙이나 이물질이 반 이상 섞여 있어. 내 동생도 이물질이 들어간 물을 먹고 탈이 난 거야.

더 심각한 것은 이 모자란 물을 사람과 동물이 함께 사용한다는 거야. 이곳은 너희가 텔레비전에서 본 것처럼 수많은 야생 동물이 함께 생활하고 있어. 초원을 떠돌아다니던 동물들은 고인 물을 마시고, 더위를 식히러 물속에 빠져 들어 목욕을 하지. 심지어 이곳에 용변을 보기도 해.

이런 동물들의 배설물이 물을 오염시키기 때문에 사실 사람이 먹을 수 없는 물이야. 하지만 우리는 이런 물이라도 있는 걸 감사해야 하는 처지야. 더러운 물, 깨끗한 물 가릴 것 없이 물을 구경하기가 너무 힘들기 때문이지.

너희가 사는 한국에는 깨끗한 물이 풍족하다고 들었어. 우리도 물이 깨끗하고 많다면 얼마나 좋을까? 물이 풍족하면 농사도 지을 수 있고 집에서 가축도 키울 수 있으니 지금보다 훨씬 풍족하게 살 수 있을 텐데…….

나는 시간이 빨리빨리 흘렀으면 해. 그래서 동생 로브실레가 하루 빨리 자랐으면 좋겠어.

먹을 것은 바라지도 않아. 물이 풍족하다면 동생의 몸도 빨리 좋아지고 엄마의 건강도 좋아질 수 있을 거야. 그렇게만 된다면 나는 선생님이 되려는 내 꿈을 위해 다시 학교에 갈 수 있을 거야.

: 물이 부족해 어려움을 겪는 세계의 모습

알아보기!

:: 스와질란드에 무슨 일이 벌어진 걸까?

아프리카 대부분의 국가들은 지난 수십 년간 가뭄과 내전으로 시달리고 있어. 스와티가 살고 있는 스와질란드뿐 아니라 에티오피아도 지난 1974년과 1985년 두 차례 대가뭄을 겪고 난 뒤 지금까지 물 부족에 시달리고 있지. 그리고 케냐, 소말리아, 니제르의 어린이들도 이런 고통을 받기는 마찬가지야.

여러분은 냉장고만 열면 언제든지 물을 마실 수 있고, 수도꼭지만 틀면 늘 '깨끗한 물'을 얻을 수 있지만 지구촌 반대쪽에는 '먹고 마시는' 가장 기본적인 것조차 해결하지 못하고 살아가는 친구들이 많아.

한 사람이 사용하는 물의 양도 차이가 커. 북아메리카 사람 한 명이 하루

에 사용하는 물은 600리터인데 비해 아프리카 사람들은 6리터밖에 사용하지 못한대.

케냐의 경우에는 어린이 50만 명이 물을 마시지 못하는 고통에 시달린다고 하니, 우리가 도와야 할 일이 많을 것 같아.

하지만 그전에 물이 부족하면 사람에게는 어떤 일이 일어나며, 왜 아프리카에 물 부족이 심각한지, 그리고 가뭄과 같은 기상 이변은 왜 일어나는지에 대해서 우리가 알아야겠지? 구조를 떠나기 전 물 부족에 대해 조사해 보도록 하자.

스와질란드에는 왜 물이 부족한 걸까?

{ 오염된 물을 먹으면 사람은 어떻게 될까? }

화수초등학교
4학년 전은비

안녕? 나는 전은비라고 해. 나는 마실 물이 부족하면 사람에게 어떤 일이 생기는지 알아봤어. 또, '깨끗한 물'이란 어떤 것이며, 왜 중요한지에 대해서도 알아봤어.

사람이 더러운 물을 먹게 되면 여러 가지 병에 걸릴 수 있다는 걸 알았어.

스와질란드처럼 물이 부족한 국가들은 가뭄이 들면 땅이 거북이 등 껍데기처럼 갈라질 정도로 물이 귀하지. 그래서 주민들은 간혹 저수지나 웅덩이에 고인 물을 발견하면 못 먹을 정도로 오염된 물인데도 불구하고 묻지도 따지지도 않고 벌컥벌컥 마시고 말아.

이렇게 되면 물속에 숨어 있던 병균이 몸으로 들어가 여러 가지 병에 걸리는 거야. 이런 것을 '수인성 질병'이라고 불러.

전 세계에서는 매년 200만 명이나 되는 친구들이 오염된 물을 마시고 설사를 하다가 죽기도 한대.

또, 오염된 식수가 전염병을 일으키기도 하는데 콜레라, 장티푸스, 소아마비, A형 간염 등이 생기기 쉽다고 해.

고인 물에는 지렁이나 모기 그리고 많은 기생충이 생기기 쉬운데, 이런 모기가 옮기는 말라리아라는 병은 한 해에 4억 명의 목숨을 위협하기도 한대. 심한 경우에는 기생충이 사람의 피부 속으로 침투해 생기는 기니아충 때문에 매년 10만 명이 목숨을 잃는다고 해.

　조사를 하면서, '오염된 물'이 사람의 목숨을 좌지우지한다는 사실에 깜짝 놀랐어. 우리나라처럼 정화처리 된 수돗물을 마음 놓고 사용하는 국가가 드물다는 것도 새롭게 알았고.

　지금까지 나는 양치질하고 세수할 때 수돗물을 틀어 놓은 채로 사용했는데, 조사를 하면서 물을 아껴 써야 한다는 걸 절실히 느꼈어. 아파트에 수돗물 공급이 중단되어서 물이 나오지 않았을 때, 화장실에 미리 받아 놓은 물을 사용하는 것을 놓고 투덜거린 것을 생각하면 부끄럽기만 해. 세수는커녕 마실 물조차 부족한 스와티를 빨리 돕고 싶어.

{ 지구를 제정신이 아니게 만드는 지구 온난화 }

신도초등학교 5학년 왕철이

나는 왕철이라고 해. 지구의 반 이상이 바다와 강으로 이루어져 있고, 땅을 파면 지하수도 펑펑 나오는데, 아프리카에는 왜 물이 부족한지 너무 궁금했어.

지하수는 빗물이 모여서 생긴 것으로, 여러 나라가 이 물을 받아서 필요한 물을 얻고 있어. 하지만 아프리카에는 비가 잘 오지 않는다고 해. 또, 비가 내리더라도 며칠 사이에 한꺼번에 많이 쏟아져 대부분의 물이 강이나 바다로 흘러가 버리지.

이런 현상을 과학자들은 지구가 더워져(지구 온난화) 몸살(기상 이변)을 앓고 있기 때문이라고 해.

조사를 하면서 지구 온난화는 지구를 열 받게 하는 이산화탄소(CO_2)라는 화학 물질이나 가스의 배출과 관련 있다는 걸 알았어. 이런 것들은 눈에 보이지 않지만 컴퓨터, 전기, 자동차 등 우리가 사용하는 대부분의 에너지와 관련이 있지.

인간이 사용하는 에너지가 늘면 늘수록 이산화탄소 같은 '온실가스'는 지구를 둘러싸고 있는 대기권을 교란시켜. 그렇게 되면 지구 안으로 들어온 태양 에너지가 제대로 빠져 나가지 못해서 지구가 더워지는 거라고 많은 과학자들이 말하지. 한마디로 완전히 지구가 열 받는 거야. 나는 땀을 많이 흘리기 때문에 생각만 해도 덥지 뭐야.

잘 이해가 안 된다면 비닐하우스를 생각하면 돼.

햇빛을 받은 비닐하우스 안에 있으면 몸이 후끈 거리고 덥지? 대기권이 바로 비닐하우스의 지붕이 되는 거야.

이렇게 지구가 열 받으면 지구가 몸살을 앓아서 한마디로 상태가 뒤죽박죽이 되는 거야.

한쪽에서는 홍수로 물난리가 나기도 하고 반대편 아프리카 대륙에서는 비가 오지 않아 땅이 갈라지고 그러는 거야.

예전에 더운 여름에 땡볕에서 축구를 하고 집에 왔더니 어지러워서 식용유를 보리차로 착각하고 마신 적이 있거든. 그러니까 지구도 너무 덥고 뜨거워서 정신이 없어진 게 아닌가 생각해.

{ 누구의 소유도 될 수 없는, 누구에게나 공평한 물 }

선일초등학교 **6학년 서미미**

나는 서미미야. 왕칠이가 말한 지구를 제정신이 아니게 만드는 이산화탄소에 대해 궁금해져서, 온실가스를 누가 많이 배출하는지 알아보게 되었어. 온실가스는 지구에 들어온 태양 에너지가 지구의 대기권 밖으로 빠져나가는 것을 방해하는 대기 오염물질이야. 석탄, 석유 등 연료를 태울 때 발생하는 이산화탄소 등이 대표적이야.

그런데 이런 오염 물질인 온실가스의 대부분이 미국, 영국, 중국과 같이 아프리카보다 훨씬 잘사는 선진국에서 배출된다는 사실을 알게 됐어. 사실 우리나라도 빠른 산업화와 경제 개발 정책 때문에 선진국 못지않게 온실 가스를 많이 만들어내는 나라라고 해.

그런데 조사하면서 든 생각은 지구 온난화를 일으키는 온실가스의 대부분이 선진국에서 배출되지만, 지구촌 반대편에서 그 피해를 입고 있는 게 아닌가 하는 거야. 아무것도 모르는 스와티와 스와티의 동생이 고통받고 있잖아.

2001년 캐나다에서 '인간과 자연을 위한 물'이란 회의가 개최되었어. 그곳에서는 35개 나라가 '지구의 물은 세계 공동 재산이니까 그 어떤 기구, 정부, 개인, 기업도 이윤 추구를 목적으로 매매해서는 안 된다'고 선언했어.

하지만 결국 자기 나라의 이익만 서로 따지다 보니 실천은 전혀 안 되고 있다지 뭐야. 당장 급식 시간에 컵 가득 식수를 받아 한 모금 먹는 둥 마는 둥하고 버리는 내 모습이 떠올랐어.

물이 얼마나 소중한지 알려주기 위해서 세계 야생동물 기금, 유네스코 같은 환경단체에서는 '물 발자국'이란 용어를 만들어 냈다고 해. 에너지 절약을 강조하려고 만든 '탄소 발자국'과 비슷한 개념이야.

우리가 입고 있는 티셔츠 한 장을 만드는 데도 물이 필요하다는 걸 아니? 자그마치 2,700리터의 물이 필요하대. 동네 찜질방에 큰 욕탕을 가득 채우고도 남을 양이야.

이런 '물 발자국'을 비용의 개념으로 바꿔서 나라별로 한눈에 비교해 볼 수 있게 했는데, 탄자니아 빈민촌 주민들은 수돗물 1,000리터당 약 8,300원의 비용을 지불해야 구할 수 있지만, 영국과 미국은 각각 1,000원과 600원의 비용만 내고도 같은 양의 물을 구할 수 있다고 해.

당장 물 한 방울이 목숨하고 연결된 스와티와 같은 친구들은 선진국 주민보다 수십 배나 더 비싸게 대가를 치러야만 '깨끗한 물'을 구할 수 있다는 말이야.

물을 가장 많이 사용하는 선진국은 저렴한 비용으로 물을 구할 수 있는 반면 가난한 나라는 이런 비용을 마련하기가 쉽지 않으니, 이것이 우리의 도움이 필요한 이유이기도 할 거야.

출동, 국제 구호!

::스와질란드에 우물을 파 주자!

인천 공항에서 출발한 비행기는 싱가포르와 남아프리가 공화국을 거쳐 목적지인 스와질란드에 도착했어.

비행기를 세 번이나 갈아타고 36시간이나 걸리는 정말 힘든 여정이었지만, 어려움에 처한 친구들을 생각하며 견딜 수 있었어. 비행기 안에서 스와질란드 국민의 평균 수명은 우리 삼촌 나이 밖에 안 되는 40세이며, 5세 이하 아이들 10명당 1.6명씩 사망하는 것도 물 부족이 가장 큰 이유라고 누리 대장님이 설명해 주셨어.

버스를 타고 울퉁불퉁한 비포장 길로 서너 시간을 달려 스와질란드 수도인 음바바네에 도착했어. 자동차가 지날 때 희뿌연 먼지가 구름처럼 날리는 걸 보니 얼마나 가뭄이 심각한지 알 수 있었지.

마을에 도착하자마자 우리와 비슷한 나이의 자매가 땅을 파고 있는 것이 보였어. 가까이 가 보니 말라 버린 강바닥에 파 놓은 1미터 깊이 구멍 속에 들어가 얼마 되지도 않는 물을 긁어 담고 있지 뭐야.

잘 먹지 못해 비쩍 마른 자매는 '플라스틱 통 두 개에 물을 담으려고 새벽부터 아무것도 못 먹은 채 5시간을 걸어 왔다'고 힘없는 목소리로 말했어. 이처럼 어렵게 담아간 물로 12명의 가족이 하루를 버틴다는 말을 들었지만 눈으로 보고도 차마 믿을 수가 없었어.

"사람 먹을 물도 없는 상황이어서 가축들은 다 굶어 죽었어. 가뭄에 잘 버티는 낙타도 죽기 시작했어."

나는 자매가 너무 안타까워서 당장 무슨 일이라도 돕고 싶어 견딜 수가 없었어.

　나라에서 주민들에게 식량으로 옥수수를 주지만 물이 한 방울도 없어 옥수수를 삶지도 못한다고 해.

: 아프리카 대부분의 나라가 극심한 가뭄으로 고통당하고 있습니다. 지구 반대편에서 일으킨 환경오염이 가져온 끔찍한 재앙이 죄없는 아프리카 인들에게 가해지는 것입니다.

　며칠이 지나고, 드디어 친구들을 도울 수 있게 되었어. 본격적인 구호가 시작되었거든.

　우물은 종류가 다양해 지형과 위치에 따라 설치해야 한다고 해.

　우선 가장 손쉽고 저렴한 값으로 팔 수 있는 것은 '손파기 우

023

물'이라고 하는데, 이 우물은 바닷가에 위치한 마을에 설치한다고 해. 땅에서 20~60미터 깊이로 뚫기 때문에 특별한 장비가 필요 없고, 500만 원 정도의 돈이 필요해. 하지만 너무 얕게 파기 때문에 다른 오염물질이 우물에 들어갈 수 있다고 해.

다음은 '얕은 우물'이라는 건데, 이 우물은 '손파기 우물'보다 조금 더 깊은 곳에 사람의 손이 아닌 굴착기를 이용해 파이프를 심는 거야. 기계를 쓰는 대신 돈도 많이 들어서 1,000만 원 정도가 필요하대.

또, 지하 100미터 이상 파 내려가는 '깊은 우물'이란 것도 있어. 지하수가 깊이 있는 만큼 깨끗하고 안전한 식수를 얻을 수 있지만 비용도 만만치 않아. 약 1,300만 원이나 들어가는데, 스와티의 마을에는 바로 이 '깊은 우물'을 설치하는 일이었어.

스와질란드 스와티의 마을에서 1,300만 원은 어마어마하게 큰돈이라 구할 수가 없다고 해. 그래서 그동안 많은 사람이 모아 준 돈으로 도울 수 있는 거야.

우리 국제 구호팀은 마을회관 공터에서 6미터에 달하는 쇠파이프로 땅을 파고 우물을 완성했어. 사실 많은 전문가가 '이곳을 파면 지하수가 나올 것'이라고 했지만 땅속은 파보기 전까지는 실제로 그 속에 물이 있는지 없는지 알 수 없다고 해.

그래서 구호팀뿐 아니라 마을 주민 모두 물이 있기를 바라는 간절한 마음으로 함께 우물 주변의 흙을 옮기며 기도했어. 더운 날씨에 바싹바싹 마른 흙을 나르자니 십 분도 안 돼 몹시 목이 말랐어. 스와티의 고통을 조금은 알 것 같았어.

이윽고 우물의 첫 펌프질을 할 때 진짜 이렇게 마른 땅에서 물이 나올까 하는 생각에 기도까지 했어. 꼭 잡은 손에 땀이 흥건했지. 스와티네 마을 사람 모두 침을 꼴딱 삼키고 펌프질하는 걸 지켜봤어. 이 순간만큼은 모두다 쥐죽은 듯 조용했어.

마침내 펌프질이 시작됐어.

펌프가 위아래로 움직이는 동안 내 가슴도 같이 쿵쾅거렸어. 몇 번의 펌프질 끝에 우리가 기다리던 바로 그 '물'이 땅속에서 콸콸 쏟아져 나오기 시작했어. 우리 구호팀원들과 스와티는 눈앞에 펼쳐지는 믿기지 않는 장면에 서로 말을 잇지 못했어.

쏟아지는 물을 보고 이렇게 감격한 적은 전에도 앞으로도 없을 것 같아.

마을회관 공터에 모인 주민들은 누가 먼저라 할 것도 없이 환호하며 덩실덩실 춤을 추었어. 스와티와 마을 사람들은 하늘로 향해 입을 벌리고 콸콸 쏟아지는 물을 마셨어. 흘러내리는 눈물도 함께.

 ::물에도 소유권이 있을까?

2009년 5월, 우리나라 충주와 경상북도에서 '물 소유권'과 관련한 마찰이 벌어졌어. 사건의 내용은 낙동강 상류 지역에 각종 화학섬유 공장들이 생겨 수질 오염이 심각해지자, 대구시가 안동댐에 파이프를 연결해서 매일 70만 톤의 물을 대구시에 직접 공급하겠다는 계획을 세웠어. 그러자 그렇게 되면 경상북도의 물이 부족해진다며 경상북도가 충주댐에 물이 여유가 있으니까 그 물을 가져오겠다고 발표했어. 이런 발표가 나자 충주에서는 우리도 물이 충족하지 않다고 반발한 사건이야.

앞에서 잠깐 얘기했지만, 2001년 캐나다에서 개최된 '인간과 자연을 위한 물'이란 회의에서 35개 나라가 '지구의 물은 세계 공동 재산이니까 그 어떤 기구, 정부, 개인 또는 기업도 이윤 추구를 목적으로 이를 매매해서는 안 된다'고 선언했는데 지켜지지 않는다고 했지?

하물며 같은 나라 안에서도 이렇게 물 소유권을 가지고 분쟁이 벌어지는데 나라와 나라 끼리는 얼마나 더 하겠어.

'물을 소유한다는 것'에 대해 너희는 어떻게 생각하니?

내 땅에 있는 물이니까 내 맘대로 오염시키고 함부로 써도 된다고 생각하니? 아니면, 물은 한 곳에 정체하는 것이 아니라 지구촌 구석구석을 돌고 도는 것이니 누구의 소유도 될 수 없다고 생각하니?

습관이 지구를 살린다!

매일매일 실천 방안

1 겨울철 난방을 위해 커튼이나 블라인드 사용하기

2 이산화탄소 등 온실가스를 줄이기 위해 일회용품 사용하지 않기

3 가전제품의 전원을 완전히 끄기

4 음식물 쓰레기 줄이기

5 가까운 거리는 걸어다니고 대중교통 이용하기

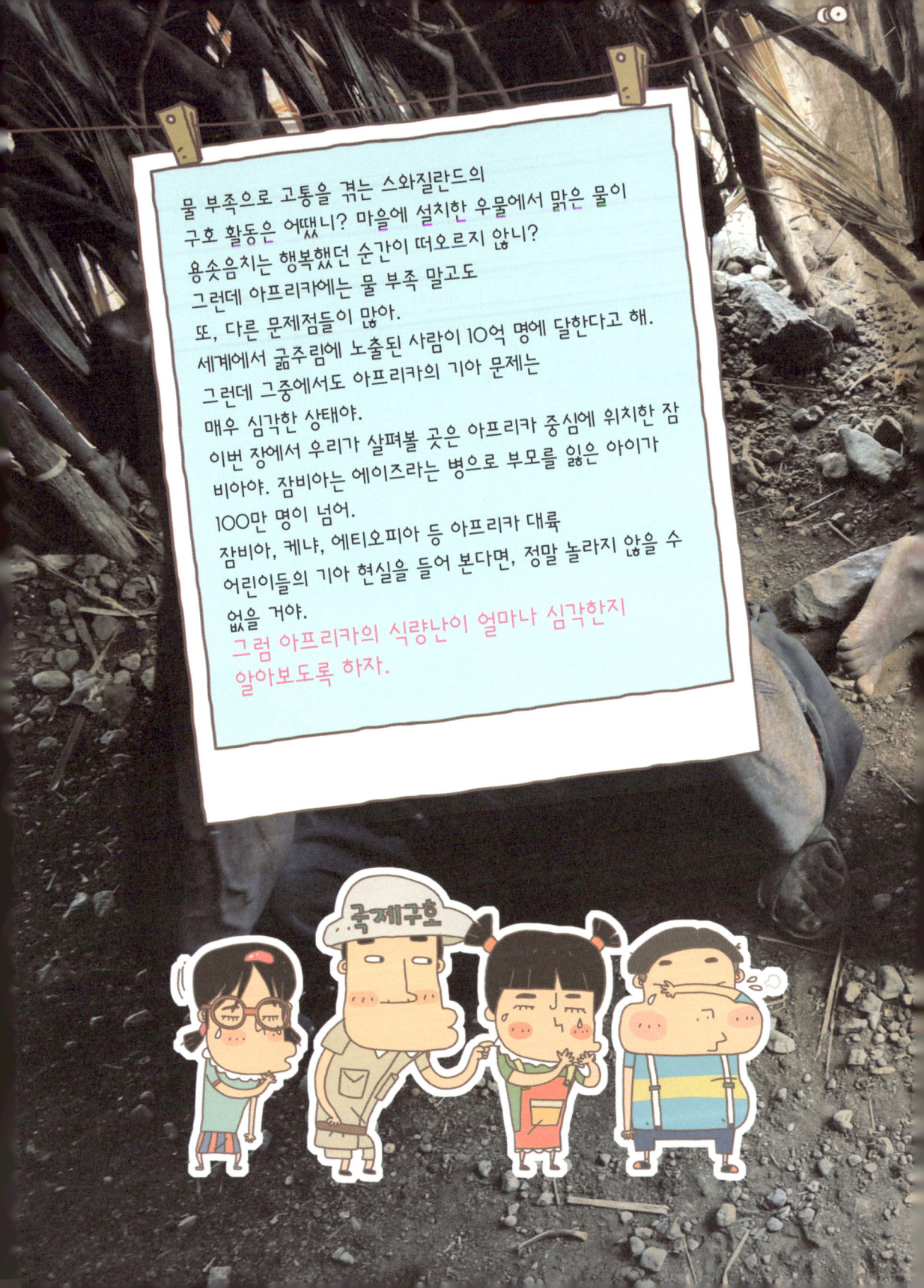

물 부족으로 고통을 겪는 스와질란드의
구호 활동은 어땠니? 마을에 설치한 우물에서 맑은 물이
용솟음치는 행복했던 순간이 떠오르지 않니?
그런데 아프리카에는 물 부족 말고도
또, 다른 문제점들이 많아.
세계에서 굶주림에 노출된 사람이 10억 명에 달한다고 해.
그런데 그중에서도 아프리카의 기아 문제는
매우 심각한 상태야.
이번 장에서 우리가 살펴볼 곳은 아프리카 중심에 위치한 잠비아야. 잠비아는 에이즈라는 병으로 부모를 잃은 아이가
100만 명이 넘어.
잠비아, 케냐, 에티오피아 등 아프리카 대륙
어린이들의 기아 현실을 들어 본다면, 정말 놀라지 않을 수
없을 거야.
그럼 아프리카의 식량난이 얼마나 심각한지
알아보도록 하자.

국제 구호 활동 2
배고픈 지구

굶주린 어린이들

Zambia

마카바라의 고향 아프리카의 기아 현실

지구촌 구호팀 친구들 안녕?

나는 소의 뿔처럼 생긴 아프리카 대륙 잠비아의 시골 뭄브아에서 태어났어. 우리나라는 아프리카 대륙에서도 가운데 위치했어. 잠베지 강의 이름을 본따 나라 이름이 잠비아야. 잠비아는 북동쪽으로 탄자니아, 남쪽으로 짐바브웨가 접해 있지.

나는 일찍 부모님을 잃고 친척집을 떠돌며 자랐어. 우리나라에는 에이즈AIDS*라는 무서운 질병으로 부모를 잃은 아이가 100만 명이 넘어. 국민들 대부분이 농사를 짓고는 있지만 비가 내리지 않아서 농사가 잘 되지 않아. 대부분이 하루 한 끼도 먹기 힘들 정도로 어려운 생활을 하고 있고, 나 역시 마찬가지였어.

나는 운 좋게도 좋은 분들을 만나 이렇게 한국까지 유학을 올 수 있었어. 나는 한국에서 농업과 생명과학을 배울 거야. 잠비아의 농업을 발전시켜 굶는 친구들이 없었으면 하는 바람에서야. 물론 한국에도 굶는 아이들이 있다고 들었어. 그러나 우리 잠비아는 대부분의 아이들이 굶주리며 살아가고 있어.

★에이즈_후천성 면역 결핍증이라고 하며 몸의 면역 세포가 파괴되어 면역 능력이 저하되는 병.

나도 잠비아에 살 때는 4시간씩 걸리는 거리를 걸어서 아침마다 물을 길으러 다녔고, 학교에 갈 때도 도시락은 꿈도 꿀 수 없었어. 한국에 오니까 하루 세 끼 꼬박꼬박 먹을 수 있으니, 김치에 밥만 먹어도 너무 맛있어. 처음에는 김치가 너무 매워서 먹기 어려웠지만, 어느새 김치가 없으면 밥을 못 먹을 정도가 됐어. 그런데 밥을 먹을 때마다 국그릇에 굶주린 친구들 얼굴이 떠올라 눈물이 나.

내 책상에는 미국의 유명한 인권 운동가 마틴 루터 킹 목사의 자서전《내게는 꿈이 있어요》가 꽂혀 있어. 평생 남을 위해 봉사하신 그분의 삶을 본받고 싶어. 그래서 나는 한국에서 대학교까지 마치고 나면 고국인 잠비아로 돌아가 한국에서 배운 기술로 굶는 사람이 없도록 도울 거야.

그전에 우리 잠비아의 굶주리는 어린이들을 위해 세계에서 좀 더 많은 도움의 손길을 보내줬으면 하는 바람이야. 그래서 내가 꿈을 이루어 잠비아에 돌아갈 때까지 친구들과 가족 모두가 건강하게 있었으면 해.

하루 한 끼도 먹지 못하는
잠비아의 심각한 식량난

{ 지구촌 기아 문제, 얼마나 심각할까? }

화수초등학교
4학년 전은비

오늘날 전 세계에 기아로 굶주리는 인구는 약 10억 명이라고 해. 이런 수치는 전 세계 인구 여섯 사람 가운데 한 명은 충분한 식량을 얻지 못한다는 의미야. 에이즈나 말라리아와 같이 병에 걸린 사람들보다 영양 결핍으로 고통 받는 사람이 많다는 사실에 놀라지 않을 수 없었어.

나는 오늘 아침에도 반찬이 맘에 들지 않아 밥을 반만 먹고 왔는데, 그 밥을 먹지 못해 굶주리는 친구들이 있다니 정말 죄책감이 들지 뭐야.

한 사람이 건강하게 살려면 하루 평균 2,100~2,200킬로칼로리(kcal)가 필요하다는데 아프리카와 일부 아시아 국가의 사람들의 칼로리 섭취량은 평균 1,700킬로칼로리 이하로 떨어진다고 해. 우리가 먹는 쌀밥 한 공기가 약 300킬로칼로리라고 하니까, 사람이 살아가는데 생각보다 꽤 많은 에너지가 필요하지 뭐야.

특히 놀라운 사실은 세계 영양 결핍(기아) 인구 약 8억 5,400만 명 가운데 90퍼센트 이상인 약 7억 명이 평생 기아에 노출돼 있다고 해. 정말 어마어마한 수지?

이 수는 홍수가 나거나 가뭄 같은 천재지변이 생겨서 일시적으로 영양 결핍이 발생하는 것이 아니라 끊임없이 배고픔에 시달리는 수라고 하니, 정말 놀라지 않을 수 없지 뭐야.

유엔(UN*)에서는 '기아로 고통받는 인구를 반으로 줄이는 것' 이 목표라고 했지만, 1980년대와 1990년대까지 줄어들던 기아 인구는 그 이후 10년 동안 오히려 더 증가했다고 해. 또, 잘사는 나라에서 식량을 무기로 가난한 나라에 권력을 휘두를 수 있다고 해서 걱정이야.

우리나라도 밀가루 같은 곡물은 대부분 수입한다고 하던데, 그렇게 되면 우리가 즐겨 먹는 빵이나 라면, 과자 등을 먹지 못하게 될 수도 있겠다는 생각이 들더라고.

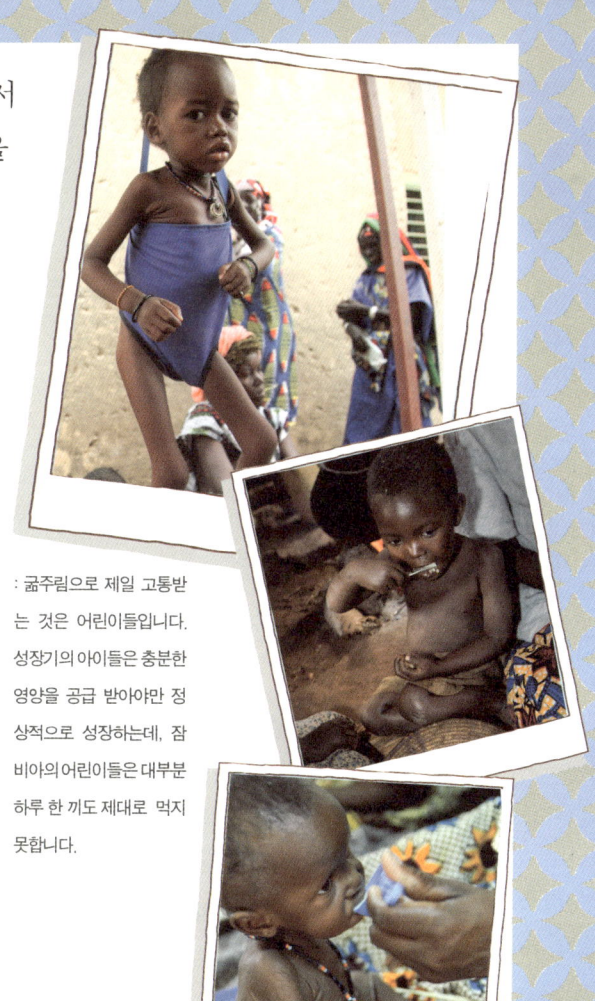

: 굶주림으로 제일 고통받는 것은 어린이들입니다. 성장기의 아이들은 충분한 영양을 공급 받아야만 정상적으로 성장하는데, 잠비아의 어린이들은 대부분 하루 한 끼도 제대로 먹지 못합니다.

★유엔(United Nations)_ 국제 평화 기구로 2차 세계 대전 뒤 국제 평화와 안전 유지, 국제 구호 관계 촉진, 경제적, 사회적, 문화적, 인도적 문제에 관한 국제 협력을 달성하려고 창설됐다.

{ 기아는 왜 발생할까? }

신도초등학교
5학년 왕철이

나는 도대체 왜 이렇게 배고픈 사람들이 있는 건지 그것이 궁금했어. 그래서 기아 위기의 원인에 대해 조사해 봤어. 우선 지구 온난화가 가장 큰 원인이라고 과학자들이 말하는데, 지구 온난화로 발생된 가뭄이나 홍수가 농산물의 수확에 큰 영향을 준대.

또, 어떤 나라는 오랜 기간 동안 자기 나라에서 일어난 전쟁으로 식량이 모자라기도 하대. 특히 전쟁은 수많은 사람의 배를 굶주리게 하는 가장 큰 원인이라고 해. 그런 걸 알면서도 왜 사람들이 전쟁을 하는 건지 정말 이해할 수가 없어. 전쟁을 치룰 돈으로 모두가 잘 사는 세상을 만들면 될 텐데.

미국이 '테러와의 전쟁'을 벌이고 있는 이라크와 아프가니스탄에서는 기아 인구가 3,700만 명이나 돼. 우리나라 인구가 약 4,500만 명 정도니까, 정말 엄청난 인구가 전쟁으로 굶주리고 있어. 나는 한 끼만 안 먹어도 팔다리가 후들후들 떨리고 머릿속이 노랗던데.

조사를 해 보니 2008년에 발생한 금융위기도 기아 인구 증가에 큰 영향을 주었다는 것을 알 수 있었어. 아프리카, 이라크, 아프가니스탄 등 식량 원조가 필요한 지역에 여러 단체의 구호의 손길이 닿고 있는데, 잘사는 나라에서 원조금을 잘 내지 않으면 이 기구들이 활동할 자금이 부족해져.

선진국의 원조금으로 식량을 사서 기아에 시달리는 나라에 배급하고 있는데, 돈이 없으면 이런 구호 자체가 줄어들거나 불가능해진다지 뭐야. 그러니 우리의 도움이 정말 절실하다는 걸 알았어. 그리고 끝으로 인구가 많아서 영양 결핍에 시달리는 신흥 공업국*도 기아의 원인이래. '친디아 CHINDIA'로 불리는 인도와 중국에는 약 3억 5,000만 명이 제대로 된 식생활을 하지 못한다고 해.

★신흥 공업국. 급속한 공업화로 빠르게 발전한 나라를 말한다. 대한민국, 싱가포르, 멕시코, 브라질, 대만 등을 이르며 니즈(NIES) 라고도 불리는데, 니즈는 신흥 공업 경제 지역을 이르는 말이다.

{ 기아의 원인, 식량이 부족해서 그런 걸까? }

선일초등학교 **6학년 서미미**

지구촌의 기아 문제 원인으로 지구 온난화, 가뭄, 전쟁, 우리나라 금융 위기처럼 경제 악화 등이 있겠지만, 나는 조금 다른 시각에서 조사해 봤어.

조사하면서 정말 놀라운 사실을 알게 됐는데, 1980년대 유엔 식량 농업 기구FAO*가 농사를 짓는 기술이나 수확을 기준으로 계산했을 때 전 세계적으로 생산되는 식량은 전체 인구의 2배인 120억 명이 먹고도 남을 양이라고 했어.

그러니까, 왕철이가 조사한 이유도 맞지만, 전체 지구에서 생산할 수 있는 식량과 세계 인구를 비교해 보면 식량은 남아돌아야 맞는 거야. 120억 명의 인구가 충분히 먹고도 남을 만큼의 식량이 지구에서 생산되고 있는데, 왜 5초에 한 명 꼴로 하루에 10만 명이 기아로 죽어가고 있을까? 정말 이상하지 않아?

세계 식량 프로그램WFP*의 친선 대사였던 요르단 공주가 2006년 '세계 비만 지도'를 제작했는데, 이 지도는 세계 각국의 평균 섭취량을 그림으로 표시했어. 식량 소비가 많은 나라는 뚱뚱하게 표시되고 배고픔에 시달리는 나라는 홀쭉하게 표현했어. 기아 문제의 원인을 식량 부족에서 찾을 수도 있겠지만, 이 지도를 보면 미국과 유럽이 뚱뚱하게 표시되었거든. 그러니까 이곳에 식량이 남아돈다는 얘기야. 이곳의 남아도는 식량을 부족한 곳에 나눠 준다면 아프리카 쪽의 기아 문제가 해결될지도 몰라.

미국에서는 너무 많이 먹어서 생기는 병 때문에 병원에 가고 약을 사 먹는 등의 비용이 1년에 한 사람당 1,400달러^{약 180만 원}나 든다고 해.

전 세계에서 20억 명이 넘는 사람이 1,400달러를 벌지 못한다는 걸 생각하면 굉장히 큰 금액이야.

또, 미국에서는 식량 공급량의 약 30퍼센트, 돈으로 따지면 483억 달러^{55조 원} 어치의 음식이 쓰레기로 버려지고 있다는데, 이 정도면 전 세계 식량 부족의 상당 부분을 해결할 수 있지 않을까?

결국 식량을 공평하게 나누어 먹을 수 있다면, 전 세계 지구촌의 기아 문제와 비만 문제를 동시에 해결할 수 있지 않을까라는 생각이 들었어.

★ 유엔 식량 농업 기구_1945년 개발도상국의 기근과 빈곤을 없애기 위해 설립된 국제 연합 전문 기구.

★ 세계 식량 프로그램_1962년 유엔 산하 기관으로 설립되어 긴급 상황 시 필요한 곳에 식량을 공급하는 기관.

출동, 국제 구호!

::아프리카에 굶주리는 어린이를 도와주자!

이곳은 마카바라의 고향 아프리카 대륙이야. 잠비아는 텔레비전 프로그램인 '동물의 왕국'에서 보던 코끼리, 기린, 사자, 얼룩말 등이 뛰어노는 초원과는 전혀 다른 모습이었어.

마카바라의 고향 뭄브아는 잠비아의 수도인 루사카에서도 꽤 떨어진 곳에 있어서, 덜컹거리는 비포장도로를 서너 시간이나 달려야 도착 할 수 있었어.

가는 길에 창밖 풍경을 보니 집들은 대부분 옛날 이야기책에 나올 것처럼 초가지붕에 진흙으로 지은 집이었어. 어쩌다가 벽돌집이나 양철집이 보이긴 했는데 그만큼 힘들게 사는 사람이 많은 것이라고 국제 구호팀원 중 한 명이 설명해 주었어.

뭄브아에서 우리는 마카바라의 친척인 숨바 씨를 만났어.

"계속되는 가뭄으로 땅이 척박해지고, 돈도 부족해서 제대로 된 비료를 살수도 없어. 새벽 다섯 시부터 해질 무렵까지 일을 해도 식구들이 먹을 것을 충분히 거둘 수가 없단다. 게다가 제대로 열매를 맺더라도 원숭이나 새 떼에게 빼앗기기 일쑤지."

숨바 씨가 말끝을 흐리며 한숨을 쉬었어.

옥수수나 콩과 같은 곡물과 소, 염소, 닭 등의 가축을 기르고 있지만, 사람들이 먹을 풀 한 포기도 부족한 마당에 집에서 기르는 가축들은 풀도 뜯어 먹기 힘들고, 게다가 오래된 배고픔으로 제대로 가축을 돌볼 힘도 없다고 마카바라가 안타까워하며 말했어.

숨바 씨의 다섯 아들은 입고 있던 낡은 웃옷을 벗어서 얼마 열리지 않은 옥수수를 지키기 위해서 열심히 새 떼를 쫓았지.

우리도 다음 날부터 마카바라와 함께 숨바 씨의 관개 사업을 도왔어. 관개 사업은 논이나 밭까지 물이 지나도록 길을 파주는 일이야. 이곳에서 관개 사업이 중요한 이유는 똑같은 노동을 하더라도 수확물을 많이 거둘 수 있기 때문이야.

그동안은 농사를 효율적으로 짓는 기술이 없었기 때문에 예전에 지었던 방식 그대로 일을 해 왔던 거야. 다행히 이곳은 건설 자재로 활용할 자원들이 풍부해서 외국에서 중장비나 기술을 원조만 해 준다면, 관개 시설을 충분히 진행해서 농사에 큰 도움을 줄 수 있다고 해. 특히 관개 시설로 수확물이 늘어난다면, 주민들은 스스로 지속적인 개발을 위한 계획을 세우고 희망도 갖게 될 거야.

굴착기나 포클레인이 길을 파놓으면 온 동네 주민들과 우리 구호팀은 삽을 들고 물길을 제대로 다지는 일을 했어. 찌는 듯한 태양에 말라서 쩍쩍 갈라진 흙을 파내자 흙먼지가 구름처럼 일어났어. 해질 무렵이 돼서야 숨바 씨네 밭쪽으로 첫 번째 물길을 만들 수 있었어.

숨바 씨는 송골송골 땀 맺힌 얼굴로 땅을 파면서 "이렇게 물길을 만들어 주면 내년에는 식구들이 먹을 옥수수가 말라비틀어지지 않겠죠?"라며 좋아했어.

숨바 씨의 옥수수 밭과 콩밭을 마지막으로 물길을 완성했을 땐 이미 해가 완전히 진 뒤였어. 물을 흘리는 일은 밝은 아침에 하기로 하고 우리는 모

두 숨바 씨 집으로 향했어.

숨바 씨의 부인은 일곱 식구가 먹기에 부족한 양의 멀건 죽을 끓이고 있었어. 나 혼자 먹어도 부족한 양이었는데, 그나마 멀겋게 생긴 게 죽이라기보다는 물에 가까웠어. 숨바 씨는 마다하는 우리에게 죽을 나누어 주었어.

마카바라와 숨바 씨는 단체가 지원하는 농업 교육에 대해 이야기했어. 알고 보니 많은 국제단체에서 세계의 어려운 나라의 농업 환경을 개선하기 위해 관개 수로 작업 같은 토목 공사도 지원하지만, 재배가 잘되는 개량종 보급이라든지 농업 기술을 교육하고 있었지 뭐야.

우리나라 옥수수 박사님 같은 분이 슈퍼 옥수수를 개발했다는 게 큰 뉴스가 된 적이 있었는데, 그때는 그게 얼마나 훌륭한 일인지 잘 몰랐지만 이곳에서 보니 열매가 많이 열리는 큰 옥수수 하나가 사람의 생명을 살릴 수도 있겠구나 하는 생각이 들었어.

뿌듯한 마음에 일찍 잠자리에 든 우리 구호팀은 다음 날 새벽에 간신히 일어났어. 새벽이었지만 사람들은 물길이 열리는 것을 보려고 모두 나와 있었어. 강과 이어진 흙을 포클레인이 걷어내는 순간 쏴아아 소리와 함께 물이 힘차게 쏟아지고 다 같이 만들어 놓은 물길로 시원하게 흐르기 시작했어. 그와 함께 우리와 마을 사람들의 눈에 기쁨의 눈물이 흘렀어.

마카바라와 누리 대장님은 숨바 씨가 국제단체에서 닭을 지원받을 수 있도록 도와주었어. 닭 열 마리를 지원받아 잘 키워서 계란 등을 팔면 숨바 씨의 아이들을 학교에 보내는 데도 많은 도움이 된다고 해.

: 구호를 받고 행복해 하는 세계 곳곳의 사람들

　마카바라 형은 숨바 씨 애들에게 닭이 알을 낳아도 함부로 먹으면 안 된다고 미리 겁을 주었어. 이번 일을 통해 전에는 무심하게 생각했던 냉장고 안의 달걀들도 앞으로는 소중하게 생각하고 먹어야겠다는 생각이 들었어. 우리가 무심코 남기거나 버리는 음식물이 얼마나 아까운 것인지도 생각하고 한국으로 돌아가면 버려지는 음식물을 아낄 수 있는 방법을 찾아보자고 이야기 했어.

　또, 굶주림으로 힘들어 하는 사람을 당장 도울 수 있는 방법도 찾아보기로 했어. 함께 갔던 구호팀 아저씨는 식탁 위에 '사랑의 빵'이라는 저금통

을 놓고 밥 먹기 전에 동전을 넣는다고 해. 저금통에 돈이 어느 정도 모이면 단체에 기부해 어려운 사람들을 돕는다고 해서 나도 당장 실행하기로 마음먹었어.

::국제 구호 제대로 하는 걸까?

현대의 국가는 '세계화'라는 거대한 물결에 휩싸여 있어. 이런 세계화가 옳은 것인지 아닌지에 대해서는 학자들 간에 의견이 엇갈려. 하지만 이미 세계화는 시작되었고 현재의 지구촌은 하나의 나라처럼 국경이 허물어진 지 오래 됐어. 그러니 다른 나라와 관계를 맺지 않고 '나 홀로' 자급자족하면서 지낼 수 없는 게 현실이야.

1950년대 우리나라도 6.25전쟁으로 심한 빈곤에 시달렸어. 그때 세계 많은 나라에서 굶주림에 시달리는 우리나라 국민을 위해 구호 활동을 펼쳤어.

오늘날 우리나라가 잘살 수 있게 된 것도 그때 우리를 도왔던 국제 국호의 손길이 있었기 때문이야. 당시 우리나라는 너나할 것 없이 모두가 힘들게 살고 있었어. 만일 그때 국제 구호의 손길이 없었더라면 아마 우리는 지금까지도 어려움에서 벗어나지 못했을지도 모른다고 말하고 있어. 그러니까 과거 우리가 받아 왔던 것을 되돌려 주자는 거지.

그런데 일각에서는 국제 구호 활동에 대한 우려의 목소리가 들려. 그건 어려운 사람들에게 빵을 주기보다는 빵을 만들 수 있는 기술과 스스로 빵을 구입할 수 있도록 생산력을 길러 주자는 말이지.

이러한 주장을 하는 사람들에 의하면, 지금까지 많은 국제 구호 기관에서 어려운 사람들을 위해 빵을 지급해 왔는데 계속해서 굶주리는 사람이 줄지 않는 데는 이유가 있다고 해. 그것은 그들에게 빵을 지급하기만 했지, 스스로 자립할 수 있도록 돕지 않아서라고. 그렇다면 어떻게 이들을 돕는 것이 가장 효과적일까? 가장 효율적인 국제 구호 방법에는 어떤 것들이 있는지 한 번 생각해 보자.

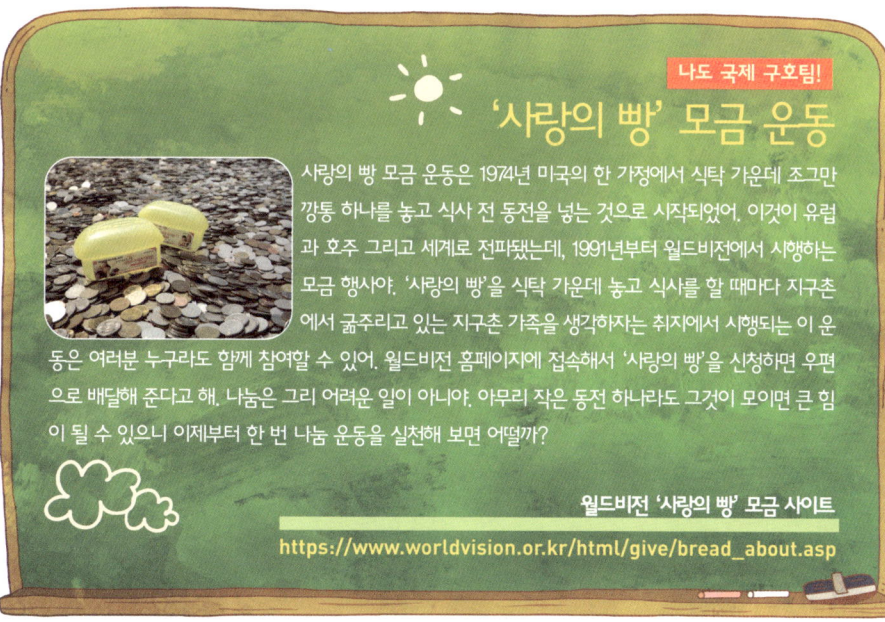

나도 국제 구호팀!
'사랑의 빵' 모금 운동

사랑의 빵 모금 운동은 1974년 미국의 한 가정에서 식탁 가운데 조그만 깡통 하나를 놓고 식사 전 동전을 넣는 것으로 시작되었어. 이것이 유럽과 호주 그리고 세계로 전파됐는데, 1991년부터 월드비전에서 시행하는 모금 행사야. '사랑의 빵'을 식탁 가운데 놓고 식사를 할 때마다 지구촌에서 굶주리고 있는 지구촌 가족을 생각하자는 취지에서 시행되는 이 운동은 여러분 누구라도 함께 참여할 수 있어. 월드비전 홈페이지에 접속해서 '사랑의 빵'을 신청하면 우편으로 배달해 준다고 해. 나눔은 그리 어려운 일이 아니야. 아무리 작은 동전 하나라도 그것이 모이면 큰 힘이 될 수 있으니 이제부터 한 번 나눔 운동을 실천해 보면 어떨까?

월드비전 '사랑의 빵' 모금 사이트
https://www.worldvision.or.kr/html/give/bread_about.asp

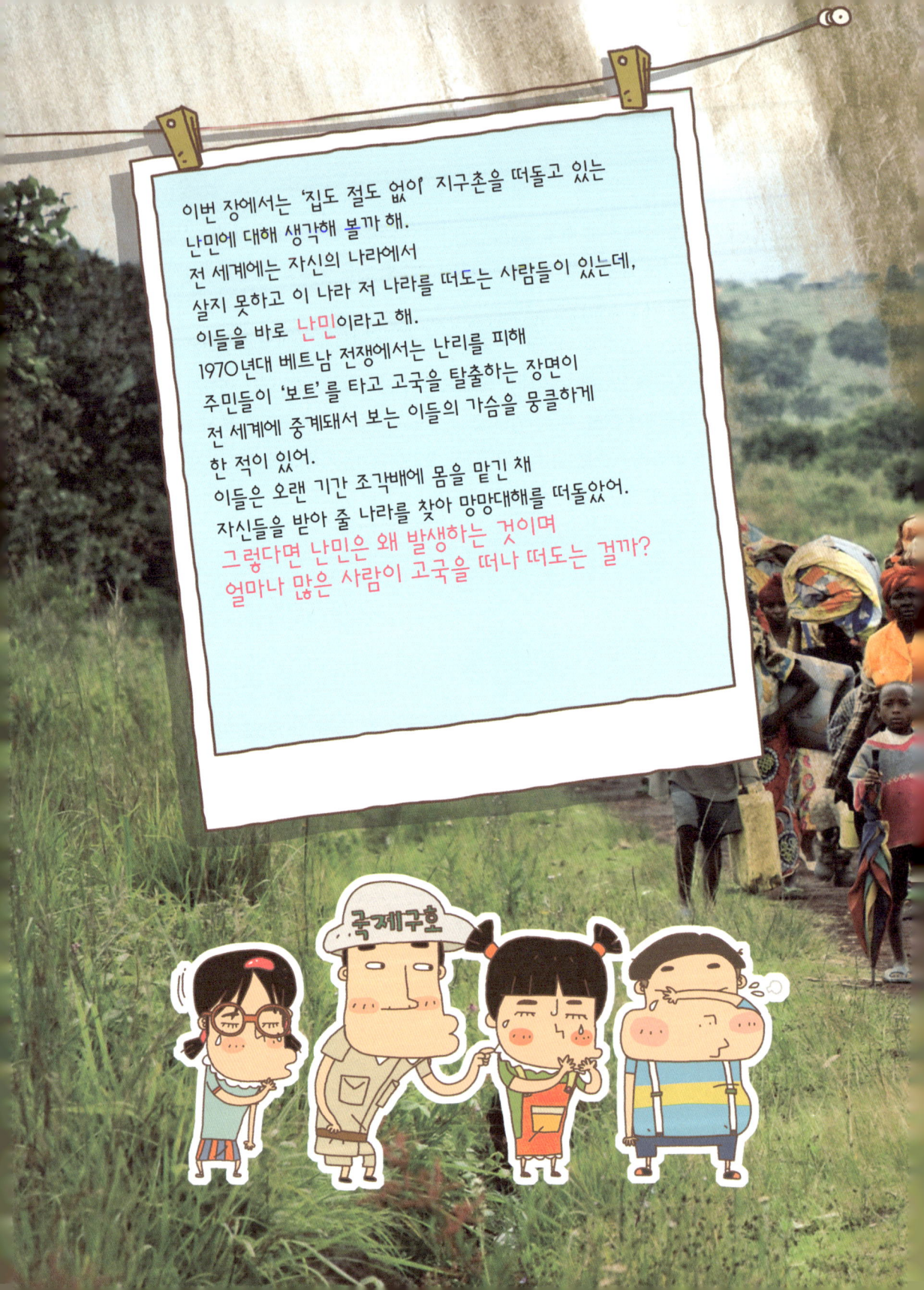

이번 장에서는 '집도 절도 없이' 지구촌을 떠돌고 있는
난민에 대해 생각해 볼까 해.
전 세계에는 자신의 나라에서
살지 못하고 이 나라 저 나라를 떠도는 사람들이 있는데,
이들을 바로 난민이라고 해.
1970년대 베트남 전쟁에서는 난리를 피해
주민들이 '보트'를 타고 고국을 탈출하는 장면이
전 세계에 중계돼서 보는 이들의 가슴을 뭉클하게
한 적이 있어.
이들은 오랜 기간 조각배에 몸을 맡긴 채
자신들을 받아 줄 나라를 찾아 망망대해를 떠돌았어.
그렇다면 난민은 왜 발생하는 것이며
얼마나 많은 사람이 고국을 떠나 떠도는 걸까?

국제 구호 활동 3
외톨이 지구

떠도는 난민

Myanmar

미얀마에서 온 싯따웅 아저씨

법무부는 2012년까지 인천 영종도에 150~200명을 수용할 수 있는 난민 지원센터를 짓기로 했다. 국내에서는 처음으로 지어지는 난민 지원센터는 연면적 6,600제곱미터 규모다. 앞으로 난민 지원센터에는 난민 인정 신청을 한 사람이나, 난민으로 인정된 뒤 정착에 어려움을 겪는 이들에게 희망에 따라 선별해서 제공될 예정이다.

이 센터에서는 한국어 교육과 취업 상담과 사회적응 훈련 등이 이루어지며, 지금까지 난민 신청을 한 외국인은 2,496명으로 이 중 2,100여 명에 대한 심사가 진행되어 175명이 난민으로 인정됐다.

- ○○신문 2010년 1월

알아보기!

::싯따웅 아저씨는 왜 미얀마를 떠났을까?

오늘은 아시아의 인도차이나 반도와 인도 대륙 사이에 있는 미얀마에서 오신 '싯따웅' 아저씨를 소개하려고 해. 아저씨는 약 15년 전부터 우리나라에서 살고 있어.

한국으로 오기 20년 전 아저씨가 살고 있는 나라에서는 민주주의 정신을 훼손하는 일이 일어났어. 군인들이 무력으로 국민들이 뽑은 대통령을 물러나게 하고 나라의 기관을 장악한 거야.

민주주의 국가에서는 헌법이라는 것을 만들어서 국민들이 선거로 뽑은 사람에게 국가의 권력을 맡기는 것이 일반적이지.

전 세계 모든 나라가 선거나 헌법에 의해서 민주적으로 운영된다면 좋겠지만 현실은 그렇지 않아.

안타깝게도 아저씨의 나라도 군인들이 무력으로 나라를 다스리게 되자 대다수의 많은 시민이 민주적인 방법으로 대통령을 뽑자고 요구했어.

하지만 한 번 나라의 권력을 잡은 군인들에겐 정당한 시민들의 요구가 '눈엣 가시'처럼 보였어. 군인 정권에 반대하는 시민들을 '생각이 다르다'는 이유로 감옥에 가두고 괴롭혔다고 해.

싯따웅 아저씨가 미얀마에 살 때 군인 정권에 반대한다는 이유로 경찰들이 밤마다 찾아와 잡아가려고 했대. 그래서 한국으로 건너와 조국을 위해 민주화 운동을 하고 있는 중이라고 해.

1988년 당시, 아저씨는 꿈 많은 중학생이었어. 어린 나이에도 불구하고 아저씨는 시민들과 함께 군인 정권에 반대하며 길거리에서 시위를 하기도 했지. 이렇게 나라가 어수선해서 당시 중학생이었던 아저씨는 제대로 공부할 틈이 없었대. 아저씨의 고국에서는 집 밖을 한 발자국도 벗어나지 못하게 감시하는 일도 다반사였대.

싯나웅 아저씨는 15년 전부터 한국에서 살고 있어. 아저씨는 양말 공장, 가구 공장 등을 떠돌아다니며 월 20만 원 정도의 수입으로 근근이 살아가고 있어.

이렇게 생활하면서 아저씨처럼 미얀마에서 탈출해 한국으로 온 다른 미얀마 인들을 모아 지금도 조국의 군인정권 반대 운동을 하고 있어.

아저씨를 가장 힘들게 하는 것은 국제적으로 인정된 신분이 '난민'이라는 현실이야. 지금 한국에 머물고 있는 아저씨 나라의 동포들은 수 천 명이나 있어. 하지만 아저씨의 '난민'이라는 신분 때문에 고향에서 온 다른 미얀마 사람들과 쉽게 어울릴 수 없다고 해.

아저씨와 어울리는 사실이 미얀마 정부에 알려지면 그 사람들이 불이익을 받기 때문이야. 아저씨는 서울이라는 '외로운 섬'에 혼자 살고 있는 것과 다름이 없어.

아저씨는 지금도 서쪽 밤하늘에 별이 보이면 조국을 생각하면서 외로운 밤을 지새우고 있단다.

나라와 집을 잃고 떠도는 사람들, 난민

{ 어떤 사람을 난민이라고 할까? }

화수초등학교
4학년 전은비

나는 난민이란 누구를 말하며, 이런 사람들이 어디에 얼마나 있는지 알아보았어.

난민은 국제적으로 약속된 법으로 지위를 인정받고 있어. 나라 안에서 적용되는 것을 국내법이라고 한다면, 국제법은 나라끼리의 약속과 같은 거야. 인간의 가장 기본적인 권리나 환경 문제 등과 같이 나라끼리 협력해야 하는 사안들에 대해 정해 놓은 법이야.

사전에서 '난민'은 생활이 어려운 사람, 전쟁이나 천재지변으로 어려움에 빠진 사람들을 말하는데, 생활이 어려운 이유는 식량을 구할 돈이 없거나, 안정적으로 정착해 생활할 수 있는 집이 없기 때문이야.

또, 쓰촨 성 대지진, 홍수, 태풍, 화산 대폭발과 같은 자연재해로 순식간에 살고 있던 터전을 잃어버리는 경우도 생기고.

이런 재앙들은 보통 한두 군데 나라에 걸쳐서 넓게 나타나기 때문에 한 나라의 힘으로 문제를 해결할 수가 없다고 해. 바로 이럴 때 국제적인 구호의 손길이 필요한 거지.

하지만 먹고, 자고, 입는 문제를 해결하지 못해 발생하는 난민들도 많지만, 최근에는 단지 '생각'이나 '인종'이 다르다는 이유로 고통을 받고 고국을 떠나는 사람이 늘고 있다니 정말 안타까운 일이야.

이렇게 삶의 터전을 잃고 고통받는 사람들을 모두 난민으로 인정해 주고 다른 나라에서 보살펴 주고 살게 해 주어야 한다고 생각해.

: 난민들은 대부분 임시로 마련된 난민촌의 열악한 환경에서 생활합니다. 음식부터 생활용품까지 모든 물자가 턱없이 부족해 난민들의 생활은 언제나 힘들기만 합니다.

{ 난민은 왜 발생할까? }

신도초등학교 5학년 왕철이

나는 난민은 왜 발생하고 어느 나라에 주로 있는지 알아보았어. 우리나라도 1950년 6.25 전쟁 때 수백만 명의 피난민이 생겼다고 할머니께 들은 적이 있는데, 할머니는 그때 우리처럼 초등학생이었대. 전쟁이 나자 할머니는 지금의 부산까지 식구들이랑 걸어서 피난을 가셨대. 이렇게 전쟁이나 분쟁이 발생하면, 총 한 자루 없는 민간인들은 안전한 곳으로 피신을 해야만 살 수 있어. 그리고 난민을 가장 많이 발생시키는 이유는 바로 전쟁이라고 해.

1948년 팔레스타인 전쟁에서 수많은 난민이 발생했고, 캄보디아와 베트남 전쟁으로 '보트피플*'도 생겼대. 그리고 전쟁이 일어나지 않아도 난민이 발생할 수 있다고 하는데 예를 들면, 정치적 색깔이 다르다는 이유로 억압받아 그 나라에서 살기 힘들어 난민이 되는 경우도 있다고 해. 싯따웅 아저씨처럼 말이야.

★보트피플. 남베트남에서 공산 정권을 피해서 작은 배를 타고 고국을 탈출한 베트남 인들을 지칭했던 말이다. 이들은 작은 배에 의존해서 각국의 바다를 떠돌며 몇 달 몇 년씩 자신들을 받아줄 나라를 찾아 떠다녔다. 2010년 지진이 발생한 아이티에서도 병원, 도로, 전기 등 국가 기간 시설이 파괴되자, 주민들이 무작정 보트를 타고 이웃 나라로 탈출하는 일이 생겼다. 최근에는 보트를 타고 떠돌며 망명하려는 사람을 이르는 말로 사용된다.

자기 나라의 체제나 정권이 바뀌면서 이것을 반대하는 사람들이 자신의 양심과 소신을 버리지 않으려고 정부에 대항해서 다른 나라로 가는 경우를 말한대.

　1934년 독일에 나치 정권이 수립됐을 때, 여기에 반대한 사람들과 유대인 수백만 명이 조국을 등지고 뿔뿔이 흩어졌는데 이것이 그런 경우야.

　그리고 앞에서 은비가 발표한 것처럼 갑작스런 자연재해로 난민이 생기기도 해. 2000년대에 들어서 세계적으로 천재지변이 많이 발생했는데, 인도네시아에서 발생했던 지진해일 '쓰나미', 중국 쓰촨 성 대지진, 최근에는 중남미에서 발생한 아이티 대지진 등 이런 것들도 많은 난민을 발생시켰다고 해.

　이밖에도 지구 온난화로 아마존 지역이 좁아져서 그곳에 살고 있는 원주민들의 터전이 점점 사라지고 있어. 이렇게 환경 재앙으로 살 곳을 잃은 사람들을 '기후 난민'이라고 불러.

{ 난민을 어떻게 대우해야 할까? }

선일초등학교
6학년 서미미

나는 난민을 어떻게 대우해야 하며, 그 근거는 무엇인지에 대해 조사해 봤어. 또, 우리나라는 난민을 어떻게 대우하고 있는지도 알아 봤어.

만일 내가 믿는 종교나 신념 때문에 학대받고 차별받고 또, 목숨을 위협당해 도저히 우리나라에서 살 수 없는 지경까지 이르렀다면? 그래서 우리나라에서는 도저히 살 수 없어서 다른 나라로 가서 살고 싶다면? 이 경우 나는 내가 희망하는 나라에서 나머지 삶을 살 수 있을까?

또, 내가 가려고 하는 나라에서는 자기네 국민도 아닌 나를 받아들여야 할까? 만약 내가 가고자 했던 나라가 나를 받아들이지 않고 오히려 다시 우리나라로 강제로 돌려보낸다면 어떤 일이 벌어질까?

이런 문제 때문에 1950~1960년대 세계 각국은 서로 약속을 맺었다고 해. '난민의 지위에 관한 협약'과 '난민의 지위에 관한 의정서'가 바로 그것인데, 이 약속의 가장 중요한 내용은 '강제 송환 금지 원칙'이야.

'강제 송환 금지 원칙'은 위에서 걱정한 것처럼 망명을 신청했는데, 망명을 신청한 나라에서 '다시 너희 나라로 돌아가라'고 강제로 돌려보낼 수 없도록 약속한 거래.

    우리나라 사람도 수십 년 전 독재 정권 시절 프랑스에 망명 신청을 해서 받아들여진 적이 있대. 지금 그분은 한국에 돌아와서 살고 있지만, 당시에 한국 사람이 정치적인 이유로 프랑스에 망명을 신청했을 때 그 사람의 여권에는 '갈 수 없는 나라 - 한국, 갈 수 있는 나라 - 한국을 제외한 모든 나라'라고 표시되었고, 그 사람을 프랑스에서 보호하기도 했대.

    같은 나라 안에서 살고 있지만 인종이 다르다는 이유로 서러움을 받거나, 종교가 다르다고 멸시를 당하는 것도 모자라 아예 그 사람의 생명이나 자유처럼 가장 기본적인 인간의 권리가 위협받는다면 그 나라에서 탈출하려는 사람이 많이 생길 거야.

    그런데 그런 사람을 이웃 나라에서 받아주지 않는다면, 어쩌면 그 사람은 전보다 훨씬 더 가혹한 멸시와 생명의 위협을 느끼게 될지도 몰라. 그래서 '난민 협약'에서 국가끼리 서로서로 난민을 다시 돌려보내면 안 된다고 강제적으로 약속을 한 거야.

    우리나라의 경우 1992년 난민 협약에 가입했고 1994년 처음 난민 신청을 접수했어. 하지만 인권 변호사들은 우리나라가 지난 15년간 난민 2,000여 명 가운데 100명 정도만 받아들였다고 해. 이것만 보아도 우리나라에서 난민의 지위를 얻는 것이 쉽지 않다는 걸 알 수 있어. 또, 어렵게 한국에서 난민 지위를 인정받았다고 해도 제대로 정착해서 살기 위한 취업 지원 등이 미흡하다고 하니, 난민들에게 행복은 아주 먼 이야기인 것만 같아.

출동, 국제 구호!

::태국의 미얀마 난민촌으로 출발!

관광의 나라 태국에 난민촌이 있다니 정말 놀라지 않을 수 없었어. 작년 여름방학 때 엄마, 아빠랑 태국의 리조트에서 물놀이도 하고 맛있는 망고도 많이 먹은 기억이 있거든.

그래서 누리 대장님이 이번에 태국 국경 도시로 구호 활동을 갈 거라고 해서 깜짝 놀랐어.

우리는 화려한 방콕에 도착해 미얀마와 태국의 국경 도시 매솟Mae Sod이라는 곳으로 향했어. 이곳에 미얀마 사람들이 머무는 난민촌이 있어.

매솟에 우리나라 지방의 작은 단체에서 성금을 모아 마련한 간이 학교가 있다고 해서 그곳의 자원봉사자 분들이 계신 곳으로 출동했어.

매솟 시내에 맬라 난민 캠프로 가는 도로는 꾸불꾸불 길이 나 있어서 마치 외할머니네 가는 시골길 같은 분위기야.

캠프는 수풀이 무성한 산속에 나뭇잎과 대나무로 만든 허름한 오두막이 다닥다닥 붙어 있는 모습이었어. 민속촌에 있는 우리나라의 초가집과 비슷한데, 말이 집이지 사실 움집과 다름없어.

태국 정부에서는 미얀마 난민들을 태국 국민들과 따로 생활시키기 위해 어른 키보다 훨씬 높은 철조망으로 난민촌을 둘러쌌어. 마치 거대한 목장에 양 떼를 가둬 놓고 나오지도 들어가지도 못하게 한 것 같았어.

집 안으로 들어가 보니 살림살이는 거의 눈에 띄지 않았어. 대신 냄비 한 개와 그릇 서너 개, 숟가락이 전부였어. 캠프에 있는 난민에게는 매달 어른 1명당 쌀 15킬로그램, 식용유, 설탕 정도가 지급된다고 해. 하지만 자녀들이 4~5명씩 되는 가정에는 턱없이 부족한 양이지.

산속의 움막에서 살다 보니 당연히 전기도 없고 밤이 되면 온 세상은 칠흑 같은 어둠에 휩싸이곤 해. 전기가 없으니 텔레비전은 꿈도 꿀 수 없지. 또, 수도시설도 없어 지하수를 끌어올려 500여 개 가정이 공동으로 나눠서 쓴다고 해.

우리는 임시 학교에서 한국인 자원봉사자 수경 언니를 만났어. 아이들은 책도 공책도 없이 대나무로 만든 간이 교실에 모여 있었어.

"아이들은 학교가 생겨서 공부하는 것이 즐겁다고 하지만 진짜 문제는 먹을 것이어서 학교에 오는 대신 가까운 마을 근처에 있는 쓰레기장에서 먹을 것을 찾아 매일 헤매고 다녀. 악취가 심하게 풍기는 쓰레기장을 뒤지는데 아이들은 그곳을 놀이터 삼아 헤매고 다닌단다."

자원봉사자 수경 언니가 말했어.

나와 비슷한 또래의 아이들이 쓰레기장을 헤매고 다닌다니……. 이곳은 부족한 것도 너무 많고, 없는 것도 너무 많아서 무엇부터 구호 활동을 해야 할지 암담했어. 누리 대장님은 나와 미미 언니 그리고 왕철 오빠에게 자원봉사자 수경 언니와 함께 쓰레기 산에서 친구들을 설득해 데려오라고 하셨어.

우리는 수경 언니를 따라 근처에 있다는 쓰레기 산으로 향했어.

그곳은 정말이지 말할 수 없이 심한 냄새가 나고 파리가 왕왕 거리는 아주 지저분한 곳이었어. 왕철이 오빠와 나는 입과 코를 막느라 아무 것도 생각하지 못하는데, 수경 언니와 미미 언니는 쓰레기를 딛고 올라가 한 아이에게 말을 걸고 있었어.

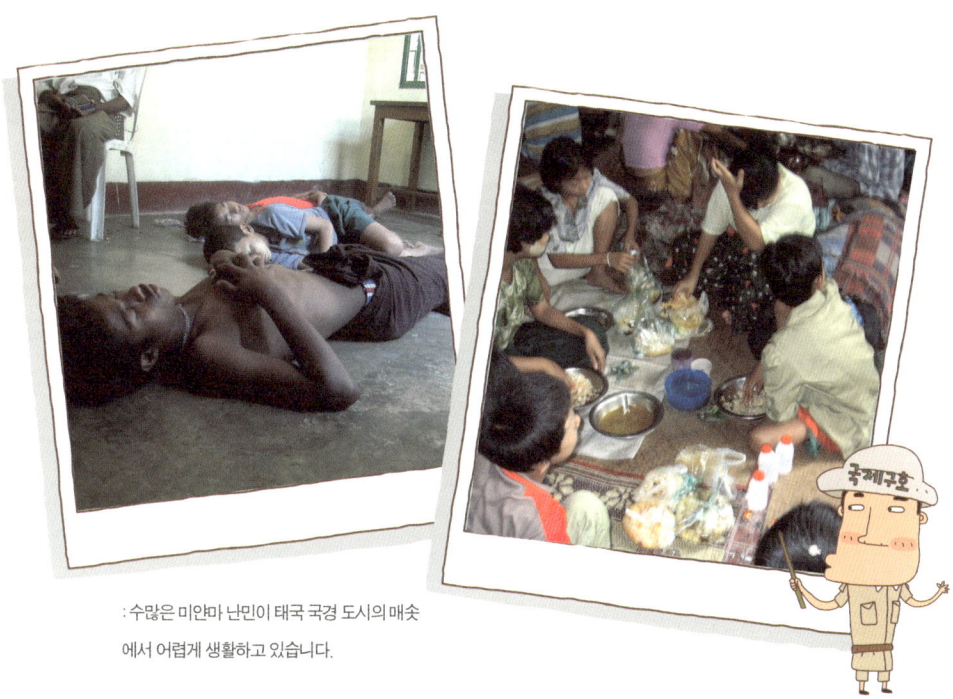

: 수많은 미얀마 난민이 태국 국경 도시의 매솟에서 어렵게 생활하고 있습니다.

    캔이나 깨진 유리병이 있어서 조심하지 않으면 크게 다칠 것 같았어. 하지만 용기를 내서 옆에서 먹을 것을 뒤지고 있던 한 여자 아이에게 말을 걸어보았어.

    여섯 살 정도로 보이는 머리가 짧은 친구 '카이'의 표정은 생각보다 밝았어. 그 아이는 "여기서 먹을 것이 부족해 날마다 쓰레기장을 뒤지지만 무시무시한 미얀마보다 훨씬 좋다"고 했어.

    우리는 카이를 데리고 학교로 갔어.

    배가 고픈 친구들을 학교로 불러 모아 이곳의 친구들을 위해 준비한 선물을 펼쳤어. 우리는 반 친구들이 모아 준 학용품을 나누어 주었고, 누리 대장님은 간식을 나누어 주었어.

　누리 대장님이 이곳에 오기 전에 지역 동네와 동사무소를 돌며 헌옷을 수거하셨는데, 그때는 왜 그렇게 열심이신지 알지 못했어.
　우리에게도 이곳을 출발하기 전 주변에 작아서 입지 못하는 옷들과 신발을 모두 가져오라고 하셨거든. 그렇게 모은 헌옷과 신발이 이곳에서 진짜 진가를 발휘하게 될 줄 몰랐어.
　우리가 가져온 옷을 나누어 주려 꺼내자 이곳 아이들뿐 아니라 어른들도 모두 반기며 좋아하셨어. 이곳에서는 항상 모든 물건이 부족하지만 옷이나 신발은 특히 더 부족하다고 해.
　우리가 가져간 옷들이 이곳에선 새 옷보다 더 가치 있고 소중했어. 쓰레기 산에서 만난 '카이'는 자기 발에 꼭 맞는 운동화를 받아들고 신이 나서 팔짝 팔짝 뛰었어.
　이젠 산을 뛰어다녀도 발을 다치지 않을 것 같다면서. 카이가 이전에 신던 신발은 밑창이 거의 빠진 것이었거든. 선물은 받을 때보다 나눌 때 더 값지다는 말이 마음에 와 닿는 시간이었어.

　이곳에는 꽤 많은 한국 사람이 수경 언니처럼 자원봉사자로 와 있어. 이들은 언제나 도움의 손길을 기다리고 있다고 해.

　누리 대장님과 우리는 자원봉사자분들을 도와 이곳 아이들이 기거하는 임시학교 기숙사에도 들렀는데, 120명 정도가 한꺼번에 잠을 자는 곳은 구멍이 숭숭 뚫린 대나무 벽에 바닥은 흙바닥이나 마찬가지인 곳이었어. 간신히 지붕만 있다 뿐이지 난방시설 같은 건 찾아 볼 수가 없었어. 누리 대장님과 우리는 한국에 돌아가서도 이곳을 잊지 않고 조금이라도 도움이 될 수 있는 일을 하기로 약속했어.

생각 넓히기 :: 난민, 받아야 할까? 말아야 할까?

한국도 나라의 위상이 많이 높아져서 자신의 나라를 떠나 우리나라에서 살기를 원하는 난민 신청자들이 매년 늘고 있다고 해. 하지만 이들 모두가 '난민 지위'를 얻는 것은 아니야.

실제로 우리나라도 속해 있는 경제 협력 개발 기구(OECD) 30개 나라 가운데, 한국은 난민을 인정하는 비율이 가장 저조한 국가야. 만약 100명이 난민 신청을 한다면, 이 가운데 약 5명만이 난민으로 인정받아 한국에서 살 수 있는 셈이지. 우리나라는 경제 규모로 선진국에 속하는 나라만 가입한다는 OECD 가입국이지만, 인권 수준은 아직 이에 미치지 못하는 게 현실이야.

특히 '인도적 체류 허가'라는 제도도 국가의 위상에 맞게 좀 더 적극적으로 운영되어야 한다는 의견들이 많아. 체류 허가라는 것은 한국에서 난민으로 인정하지는 않지만 임시로 우리나라에 머물게 하는 제도야.

하지만 몸도 마음도 둘 곳 없는 난민들에게 '인도적 체류'만 허가해 준다고 해서 해결되는 것은 아니지. 허가 이후에 이들이 생활할 수 있도록 도와주는 제도가 부족하다면 아무런 도움을 줄 수 없으니까.

말도 안 통하는 남의 나라에서 살고 있는 이들에게 기본적인 의료 혜택이나 직업을 구할 수 있는 합법적인 취업 센터를 마련해 주는 일이 나라의 위상에 걸맞는 것이라고 해. 하지만 이들에게 가장 중요한 것은 어쩔 수 없이 떠나왔지만, '고국'의 상황이 좋아지면 언제든 고국으로 돌아갈 수 있다는 '희망의 씨앗'을 대한민국이라는 품에서 만들어 가는 거야. 난민에 대한 지원도 더 좋아지기를 원해.

그런데 누가 봐도 난민을 돕는 것은 좋은 일인데, 많은 나라에서 좀 더 적극적으로 난민을 돕지 못하는 걸까? 사람들은 난민을 다 받아들이면 갑자기 늘어난 사람들 때문에 그 나라 국민의 일자리도 부족해지고 또, 난민들을 지원하기 위해서 많은 돈이 들어가기 때문이라고 해.

그러니 난민은 난민이 생긴 나라와 난민을 받아들인 나라만의 문제로 본다면 어떤 나라도 난민을 받으려 하지 않을 거야. 그래서 최근 들어 유엔과 선진국들은 난민의 문제를 심각하게 여기고, 난민 문제를 이웃 나라에만 떠맡기지 말고 국제 사회가 적극적으로 도와야 한다는 목소리를 키우고 있지.

그렇다면 너희는 난민을 받는 문제에 대해 어떻게 생각하니? 아무리 많은 비용과 우리 국민의 희생이 따른다고 하더라도 난민을 모두 받아야 할까? 아니면, 조금 야박하더라도 지금처럼 까다로운 자격 심사 등을 거쳐 최소한의 인원만 받는 것이 좋을까? 한 번 생각해 보도록 하자.

나도 지구촌 구호팀!

내가 입던 헌옷으로 미얀마 어린이를 도울 수 있어

지구촌 곳곳에는 옷과 신발을 살 수 없어, 다 헤지고 찢어져 도저히 입고 신을 수 없는 것들을 걸치고 다니는 친구들이 많아. 그나마 그것이라도 가진 것에 감사하게 생각해야 한다고 해. 왜냐하면 주변에는 찢어진 신발도 없어 맨발로 쓰레기 더미를 뒤지는 아이들이 많거든. 앞에서 말한 것과 같이 우리가 입다가 작아지거나 유행에 뒤처져 입지 않는 옷과 신발들이 미얀마에서는 아주 귀중하게 쓰인다고 해. 반 아이들과 뜻을 모아, 쓰지 않는 옷과 학용품을 모아다가 미얀마에 보내주면 어떨까? 우리에게 필요 없는 물건들을 모아 그것이 필요한 이웃나라의 친구들을 도울 수 있다고 생각해 봐. 정말 마음이 행복해지는 걸 느낄 수 있을 거야.

우리나라는 의료 보건시설이 비교적 잘 갖춰진 나라에 속해. 물론 농어촌 지역은 약간 차이가 있겠지만, 도시 사람들의 대부분은 걸어서 갈 정도의 거리에 의료 시설이 있어.
하지만 오늘 살펴볼 동티모르라는 국가는 오랜 전쟁으로 대부분의 시설들이 파괴돼, 도시의 기능을 잃어버렸어. 병원이라고 예외는 아니겠지. 이런 피해는 고스란히 어린이들에게 돌아간다고 해.
이런 나라에는 의료 보건 시설을 지어주는 것 못지않게 위생에 대해 교육시키는 것도 중요한 일이야.
특히 임산부들에게는 아주 필요한 일이지.
이번 장에서는 축구 꿈나무 구스오의 인터뷰를 통해 동티모르의 보건 실태가 어떤지 알아보도록 하자.

East Timor

동티모르
축구 꿈나무
구스오 이야기

안녕하세요.
저는 동티모르 축구 꿈나무 구스오라고 합니다.
우선 우리 나라가 아시아 축구 연맹 청소년 대회 본선에 진출하게 돼 영광입니다.

우리 동티모르는 국제 축구 연맹^{FIFA} 회원국 207개국 가운데 200위에 있는 팀이지요. 아시아 축구 연맹^{AFC}에서는 최하위 팀이기도 하고요.

하지만 이번에 조별 예선을 통과해서 독립한 지 8년 만에 당당히 동티모르 국기를 가슴에 달고 대회에 나가게 돼 더욱 감격스러워요.

몇 년 뒤 저도 동티모르 국기를 가슴에 달고 국제 대회에서 뛰는 날이 올 거예요. 하지만 저에게는 큰 고민이 있어요. 바로 제 동생 구스티오 때문입니다.

제 동생은 태어난 지 열 달 정도 지났지만, 하루가 멀다 하고 설사를 해요. 몸이 펄펄 끓어오를 정도로 열이 올라도 저희 마을에는 병원이 없어서 주사 한 번 맞지 못하고 있어요.

이 방송이 전 세계로 전파된다면, 여러분! 부디 저희 마을과 우리나라에 병원을 많이 지어주셨으면 해요.

제 동생 구스티오를 하루 빨리 낫게 하고 싶어요!

그래야 저도 힘을 얻어 더욱 열심히 그라운드에서 조국을 위해 뛸 수 있을 것 같거든요.

::비상을 기다리는 동티모르의 꿈나무들

2010년 6월, 남아공 월드컵 16강 신화를 기원하며, 나라 곳곳에서 태극전사를 응원하던 '붉은악마'의 함성을 기억하니? 축구는 남녀노소 가릴 것 없이 전 세계 지구촌 가족이 함께 즐기는 유일한 스포츠야.

오늘 너희에게 들려준 사연은 8년 전 치열한 내전 끝에 인도네시아로부터 독립한 동티모르라는 국가의 축구 꿈나무 사연이야.

동티모르는 국제 축구 대회에서 사상 처음으로 본선에 진출했어. 그런데 이들의 이야기가 주목받은 동티모르의 열악한 환경 때문이었어. 그래서 세계인들이 동티모르의 축구 꿈나무들에게 관심을 갖기 시작했지.

8년간 전쟁을 치른 동티모르는 병원 같은 기본적인 사회 시설이 모두 파괴되었어. 때문에 동티모르는 평균 수명이 59.7세, 유아 사망률이 1,000명당 88명, 5세 이하 아동 사망률도 1,000명당 136명에 이를 정도로 국민 보건 수준이 열악한 상태란다.

동티모르로 의료 봉사를 떠나기 전 그 나라의 역사와 사회적 환경에 대해 미리 조사하는 것은 필수겠지? 은비, 왕철이, 미미가 준비한 자료를 함께 보도록 하자.

동티모르에 무슨 일이 벌어진 걸까?

{ 동티모르의 아픈 역사와 보건 실태 }

화수초등학교
4학년 전은비

나는 동티모르가 어떤 나라인지에 대해 조사해 봤어. 동남아시아의 인도네시아 아래쪽에 위치한 섬나라 동티모르는 1975년에 포르투갈로부터 독립했어. 하지만 식민 지배에서 벗어난 기쁨을 느낄 새도 없이 9일 만에 이웃나라 인도네시아의 침략을 받아 이듬해인 1976년에 인도네시아로 병합되었어. 인도네시아가 동티모르의 바닷가에 묻혀 있는 거대한 유전을 노리고 동티모르 인들의 꿈을 짓밟은 거야.

마치 과거 일본이 우리나라를 강제로 병합한 것과 비슷한 처지야. 이런 오랜 식민 생활 중에 20만 명이 넘는 사람들이 학살되는 등 가슴 아픈 일들이 발생했어. 동티모르 사람들은 인도네시아군을 상대로 치열한 독립운동을 벌였어.

1999년, 인도네시아 정부는 동티모르 시민들에게 분리 독립 희망 여부를 묻는 투표를 실시했는데 80퍼센트가 넘는 주민이 인도네시아로부터의 독립을 찬성했다고 해.

하지만 인도네시아 군인과 민병대가 주민들을 납치, 살해하기 시작해 10만 명 이상의 주민이 학살되고, 수도인 딜리는 병원 등 사회 기반 시설 대부분이 파괴되었어.

이런 사실이 세계에 알려지면서 많은 사람이 이 작은 섬나라에 관심을 갖게 되었다고 해. 특히 1996년에 독립 운동가인 주제 라모스 오르타 당시 외무장관 가 노벨

071

평화상을 수상하면서 학살 사실이 세계에 알려지게 되었고, 유엔이 평화 유지군을 파견했어. 그리고 2002년 5월, 완전한 독립을 이루었다고 해.

하지만 수십 년의 내전을 겪으면서 주민들의 생활 수준은 나빠질 수밖에 없었다고 해.

역사적으로 보면 전쟁을 겪고 나면 출산률이 올라간대. 이것을 '베이비붐'이라고 하는데, 미국, 일본도 세계 대전 이후에 이런 경험을 했다고 해.

동티모르도 예외가 아니어서 한 집에 7~8명 씩 아이들이 있는데, 병원 시설은 커녕 기저귀, 비누, 포대기 같은 기본적인 출산용품이 모자라서 아이와 엄마가 동시에 질병에 시달리고 있어.

그래서 아이를 낳다가 엄마와 아이가 같이 사망하는 경우도 많대. 의료 시설도 모자라고, 가장 기본적인 위생이나 질병에 대한 인식이 부족한 것도 사망률을 높이는 이유라고 해.

{ 보건의료 사업이 중요한 이유는? }

신도초등학교 5학년 왕철이

나는 보건 의료사업이 왜 중요한지에 대해 조사해 보았어.

우선 유엔이 정한 주요 목표는 '극심한 기아와 빈곤', '아동 사망률 감소', '모자 보건 향상', '안전한 식수와 위생시설 보급' 등이라고 해. 그런데 이런 문제들을 해결하는데 있어서 아주 중요한 기초가 되는 것이 무엇인지 알아? 바로 보건 의료야.

병에 걸리지 않게 깨끗하게 생활하고 또, 병에 걸려도 병원에서 제대로 된 치료를 받아야만 어린이들이 건강하게 자랄 수 있잖아.

그런데 대부분의 가난한 나라에서는 가난한 사람이 병이 들고, 또 병이 들어 치료를 제대로 하지 못하고, 일을 하지 못해서 더 가난해지는 악순환이 계속된다지 뭐야. 결국 보건 의료가 제대로 되면 이런 문제가 해결될 수 있다는 얘기야.

그러니까 잘사는 나라와 어려운 나라 사이엔 건강 격차가 계속 심해지고 있는 거야. 현대에 들어 인간의 평균 수명이 늘었다고 하잖아. 하지만 아프리카나 어려운 아시아 지역의 평균 수명은 세계인의 평균 수명인 66세에 한참이나 못 미친대.

이렇게 어려운 나라에서는 우리처럼 어린이나 여성들의 건강 문제가 더 심각하다고 해.

여러 국제 단체가 많이 걸리는 질병을 미리 예방할 수 있도록 '손 씻는 법' 등 간단한 방법에서 예방 주사 접종까지 도움을 주고 있대.

솔직히 나는 손을 잘 씻지 않는데, 선생님께서 매번 손을 깨끗이 씻으라고 하시는 게 얼마나 중요한지 이번 조사를 통해 알 수 있었어. 흐르는 물에 손만 잘 씻어도 감기에서부터 설사병까지 대부분의 질병을 예방할 수 있다고 해.

{ 예방 가능한 질병이란? }

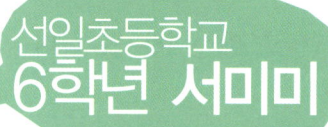
선일초등학교 6학년 서미미

홍역, 백일해, 파상풍, 소아마비, 결핵, B형 간염, 디프테리아……. 나는 간단한 예방 주사 한 방으로 저렇게 많은 병을 예방할 수 있다는 걸 처음 알았어.

생각해 보면 엄마랑 예방주사 맞으러 매번 병원에 갈 때 관심이 없어서 몰랐지만 그 예방 주사 하나로 여러 무서운 병들을 미리 예방하고 있었지 뭐야.

그런데 나와 같은 또래의 친구들이 예방 주사를 맞지 못해 매년 2,000만 명이나 숨진다고 해.

또, 홍역과 백일해 같은 질병은 목숨을 건지더라도 예방 접종을 하지 않는다면 평생을 장애인으로 살게 될 수도 있대. 그래서 많은 국제 구호 단체에서 질병이 생기고 난 뒤 치료하는 것보다 예방 접종을 더 강조하는 거야.

특히 전염이 잘 되는 홍역이라는 병은, 우리나라에서는 동네 병원에서 간단한 주사로 예방할 수 있어서 사망률이 높지 않아. 하지만 동티모르 같은 나라에서는 많은 친구들이 이 병으로 생명이 위험하거나 귀가 썩는 중이염, 뇌염까지 같이 걸린다고 해.

이렇게 간단한 방법으로 병을 치료할 수 있는데, 왜 많은 사람이 접종을 받지 못

하나 궁금했어. 그래서 조사해 본 바로는 많은 지역이 예방 백신이 모자라기도 하지만, 어른들이 이 예방 접종이 얼마나 중요한지 잘 몰라서 접종을 거부한다고 해.
  어른들의 두려움과 걱정을 없애기 위해 여러 가지 교육과 운동을 병행하는데, 글을 모르는 사람이 많은 나라에서는 책이나 설명서를 아예 읽을 수가 없으니까 예방 접종의 중요성을 만화나 연극으로 설명하기도 한대.

출동, 국제 구호!

::동티모르 현장으로 출동!

우리는 구스오와 동생에게 주려고 공과 축구화를 준비했어.

서울에서 인도네시아까지 비행기를 타고, 다시 동티모르로 비행기를 갈아타고, 수도 딜리에서 7시간이나 버스를 타고 겨우 라스팔모스라는 도시에 도착했어.

이곳 사람들은 새벽부터 일어나서 집집마다 아침으로 먹을 빠웅이라는 빵을 만들어. 인심이 좋아서 우리를 보자마자 누구나 할 것 없이 빵을 권하는 모습에서 우리가 왜 구호 활동을 와야 했는지를 느낄 수 있었어.

자신들 먹을 것도 부족한 상황에서 이역만리에서 온 이방인들에게 친절함을 베푸는 모습을 보면서 더욱 어깨가 무거워졌어.

이곳 라스팔모스 지역은 다른 동티모르 지역과 마찬가지로 호주 북부에서 불어오는 바람으로 일 년 내내 습한 날씨야. 덥고 습기가 많아서 병균이 더 많이, 빨리 자란다고 해.

우리는 빠웅과 동티모르 차인 싸를 얻어먹고 진료소로 향했어.

"여기까지 와 주어서 고마워. 일단 내 동생이 있는 진료소로 같이 가 줄래?"

축구 꿈나무 구스오의 안내로 찾아간 진료소는 꼭두새벽부터 진료소 밖까지 길게 줄을 서 장사진을 이루었어. 모두가 몹시 아파 보이는 환자로 열이 올라 얼굴이 빨갰어. 그런데 아기를 안은 아기 엄마도 몹시 아파보였어.

아이들의 질병도 심각하지만 이 지역은 무엇보다 신생아 사망률이 높다고 해.

그도 그럴 것이 이 마을에서 가장 가까운 병원이 무려 20킬로미터 거리에 있어서 아기가 아파도 제때 치료를 받기가 힘든 상황이었어. 서울 한쪽 끝에서 다른 끝이 약 20킬로미터라고 하니까 얼마나 먼 거리인지 짐작이 가지?

그래서 만든 것이 진료소인데, 병원만큼 제대로 된 기계와 시설을 갖추진 않았지만 이마저도 없다면 더 많은 주민이 고통을 받았을 거라고 해. 진료소 대기 줄에서 차례를 기다리고 있는 사람들 대부분이 울고 있는 아기를 달래느라 분주해 보였어.

진료소 복도에서는 아기들이 어찌나 사납게 울던지 귀청이 찢어질 정도였다니까. 진료소 안에서는 구호 단체 사람들이 아기의 몸무게, 영양 상태를 적으면서 상담을 하고 있었어. 의사 선생님이 계시지 않지만 주민들에게는 아플 때 갈 곳이 있다는 것만으로도 큰 위안이 되는 것 같았어.

우리는 구스오의 동생 구스티오가 누워 있는 병실에 찾아가 선물을 전달하고 인사를 나눴어. 구스티오는 "아! 한국 친구들, 이곳에 와 줘서 너무 고마워. 나도 빨리 나아 의사 선생님이 되어서 나같이 아픈 사람들을 돕고 싶어"라며 좋아했어.

할 일이 많았기 때문에 우리도 한 가지씩 일을 맡아 돕기로 했어. 왕철이는 구스오와 의료진과 함께 몸이 너무 불편해 진료소까지 오지 못하는 주민을 방문했어.

누리 대장님은 우리가 서울에서 가져온 백신들을 나르셨어.

나와 은비는 아기들을 위한 이유식 조리법을 설명하는 곳으로 갔어. 많은 주민이 영양에 대한 지식이 부족해서 태어난 지 얼마 안 된 아기에게 쌀을 푼 물을 모유나 분유대신 주고 있었어. 이 때문에 아기들이 영양실조나 질병이 걸려서 이를 방지하는 교육을 하고 있었어.

 구호팀원들이 그림을 보여주며 아기를 안는 방법, 엄마 젖을 물리는 방법을 설명할 동안 나와 은비는 우리가 그려온 그림을 보여드리며 손짓 발짓으로 이해를 도왔어. 사실 나도 엄마 젖이 아기에게 정말 완벽한 영양식이라는 걸 새삼 알게 되었어.

 말이 잘 통하지 않는 우리는 이곳 진료소에서 우리가 도울 수 있는 일을 하나 더 하기로 했어. 진료 상담을 기다리는 동네 분들에게 간단한 연극으로 예방 접종이 얼마나 중요한지 알려 드리는 거야.

 연극에 쓰려고 진료소에서 바늘 없는 왕주사를 빌렸어. 주사기를 들고 주민들에게 다가가자 서 계신 할머니가 인상을 쓰며, 고개를 저으셨어. 그걸 보니 예방 접종의 중요성을 꼭 알려드려야겠다는 생각이 더욱 들었지 뭐야.

우리는 나쁜 질병의 아주 작은 부분을 주사기에 담아서 사람에게 주사하면 약간 아픈 듯하지만, 그 병을 이기는 면역력이 있는 항체가 생겨서, 나중에 그 나쁜 질병이 크게 들어와도 우리의 몸이 얼마나 잘 대항해 내는지를 연극으로 표현했어.

손짓 발짓으로 표현한 서투른 연극이었는데, 나쁜 질병 역을 맡은 왕철이가 웃겨서 동네 분들이 배꼽을 잡고 웃었지 뭐야.

이해를 잘 해 주실까 걱정했는데, 결과는 대성공이었어. 인상을 쓰신 할머니는 놀란 얼굴로 몇 번이고 질문을 하셨는데, 그 설명은 자원봉사자께서 해 주셨어.

이제 백신의 중요성을 알렸으니 백신을 마련해서 도와드리는 일이 남았구나 하는 생각이 들었어. 우리는 뭔가 소중한 일을 한 것 같아 뿌듯했어.

이곳에 와서 '국경없는 의사회*' 처럼 봉사 활동을 하는 세계 각국의 훌륭한 의사 선생님들이 있다는 걸 알고 왕철이는 축구 선수가 되는 꿈을 의사로 바꿔야 하나 고민하는 눈치였어.

한국에 돌아가면 주사 맞기 싫어하는 친구들을 위해 이 연극을 다시 한

★국경없는 의사회_이름 그대로 국경을 초월해 보편적 인류애를 실천하는 단체다. 세계 곳곳에서 발생하는 분쟁, 참사 지역에 투입돼 구호 활동을 펼친다. 1971년 의사와 언론인 12명이 파리에서 중립, 공평, 자원 의 3대 원칙과 정치, 종교, 경제적 권력으로부터 자유 라는 정신 아래 설립한 국제 민간 의료 구호 단체다. 전 세계 20개국에 사무소가 있으며, 매년 3,000명 이상의 자원봉사자들이 80여 개국에서 모여들고 있다.

번 하자고 이야기 했어. 그리고 우리가 한국에서도 손쉽게 실천 할 수 있는 일은 무엇이 있는지 알아보기로 했어.

생각 넓히기 :: 기여 외교? 자원 외교? 바람직한 지원은?

현재 대한민국은 다른 나라에 평화 유지군을 파병할 정도로 국력이 강한 나라에 속해. 하지만 우리나라도 불과 50년 전에는 동티모르처럼 선진국들의 원조 없이는 혼자서 일어설 수 없는 가난한 나라였어.

우리나라는 1963년부터 2009년까지 유엔 개발 계획(UNDP)과 같은 기구에서 특별 기금을 통해 지원을 받았어. 그리고 세계에서 최초로, 원조를 받는 나라에서 도움을 주는 나라가 되었다고 해. 그러면 이렇게 도움을 받는 나라에서 다른 나라를 돕는 나라로 지위가 바뀌었다는 건 무엇을 의미할까? 지위가 바뀌었다면 그에 따른 책임도 막중하지 않을까? 우리나라 경제 규모는 세계 13위 정도인데 다른 나라에 지원하는 금액은 2007년 기준으로 20등 정도라고 해. 조금 부끄러운 숫자야.

그런데 우리나라에서는 2010년부터 국제 개발 협력 등을 통해 '기여 외교'라는 활동을 펼친다고 해. 기여 외교란, 쉽게 말하자면 국제 위상에 맞게 어려운 나라에 도움을 주자는 거야.

그런데 동티모르처럼 천연가스 등 자원이 풍부한 나라에는 선진국들이 너도나도 할 것 없이 돈을 싸들고 가서 지원한다고 해. 이를 '자원 외교'라고 하지.

하지만 지나치게 경제적인 실익만을 염두에 두고 무상 원조를 해 준다면, 거꾸로 받는 나라의 반발을 사게 될 수도 있겠어.

아프리카의 국가들은 선진국들이 자신들을 지원해 주는 것을 '자원, 에너지 외교'의 수단으로 활용하고 결국에는 자기 나라의 에너지와 맞바꾸려 한다는 생각을 갖고 있다고 해.

외교라는 것이 결국 국가의 이익을 생각할 수밖에 없는 것이겠지만, 그래도 정말 어떤 것이 지원하는 쪽과 지원받는 쪽 모두를 위한 합리적이고 바람직한 지원인지 한 번 생각해 볼 일이야.

나도 지구촌 구호팀!

'만 원이면 어린이 한 명을 살릴 수 있어요!

통계에 따르면 세계적으로 한 해에 3억 명 이상이 말라리아에 걸리고, 그중 1백만 명 이상이 목숨을 잃는다고 해. 이 말은 30초에 한 명씩 죽는다는 얘긴데, 이 중 90퍼센트 정도가 아프리카에 거주하는 5세 미만 아이들이라고 해. 말라리아는 모기에 물려 걸리는 병인데 건강한 어른도 말라리아에 걸리면 힘들어 할 정도로 아주 무서운 질병이야. 말라리아를 없애려면 모기의 번식을 막아야 하는데 말라리아가 많은 아프리카 지역에서는 그럴 만한 재정이 없어 사실상 힘든 일이라고 해. 그런데 하나에 1만 원하는 모기장만 있어도 말라리아 환자를 크게 줄일 수 있대. 탄자니아 한 마을에서 모기장을 사용했더니 그 마을 아이들의 말라리아 발병률이 무려 98퍼센트나 감소했대. 우리가 과자 사먹는 돈을 아끼면 1만 원은 금방 모을 수 있을 거야. 과자 값 1만 원이 지구 반대편에 사는 어린이의 생명을 살릴 수 있다고 하니, 어때 당장 실천하고 싶어지지 않니?

우리가 먹고, 입고, 쓰는 여러 가지 물건이나 식품들은
모두 어떻게 여러분 손에 들어올까? 우리의 손에 들어오기
전까지 많은 사람의 손을 거쳐 생산된 물건들이겠지?
그런데 어른들이 좋아하는 커피를 만드는 과정에서
너희보다 더 어린 아이들의 노동이 들어간다는 걸
알고 있니?
이 아이들은 커피 농장에서 따가운 뙤약볕을 쐬어가며
하루 종일 일한다고 해. 하지만 노동을 하고 얻는 대가는
커피 값에 비하면 아주 터무니없는 금액이야.
최근 이러한 사실들이 알려지며 착한 소비와 공정 무역을
해야 한다는 목소리가 높아지고 있어.
이번 장에서는 이러한 불합리한 노동으로
고통받는 아이들을 찾아가 보고
공정 무역의 중요성과 불합리한 노동들이
우리 생활과 어떤 관계가 있는지도 알아보려고 해.

국제 구호 활동 5
힘겨운 지구

아동 노동과 공정 무역

India

은비 가족의 하루와 아동 노동

 은비의 엄마는 이웃 아줌마들과 지하철역 주변에 있는 커피숍에서 한 잔에 5,000원 하는 '카페 아메리카노'를 마시면서 은비의 학원 수업이 끝나기를 기다립니다.
 엄마는 은비 간식 준비를 위해 그 상점에서 초콜릿 케이크도 두 개 삽니다.
 은비는 주말이면 10만 원짜리 빨간색 운동화를 신고 모자가 달린 운동복을 입고 아빠와 함께 구민 체육 센터에서 자전거를 타곤 합니다.
 은비가 자전거를 타는 동안 조기 축구회원인 아빠는 축구공을 차면서 경기를 하지요.

:: 얼마나 많은 어린이가 노동으로 힘들어 할까?

오늘은 은비네 가족의 일상생활로 이야기를 시작해 볼까 해. 우선 은비 어머니가 매일 마시는 5,000원짜리 커피는 에티오피아의 어린이들이 나무에서 딴 커피 열매를 가지고 만든 거야.

　에티오피아 어린이들은 12시간이 넘도록 뙤약볕에서 하루 종일 열매를 수확하지만, 받는 돈은 고작 250원 정도라고 해. 한국에서 250원으로 무엇을 할 수 있을까 생각해 보면 정말 너무 적은 돈이란 것을 알 수 있을 거야.

　또, 은비 아버지의 축구공은 파키스탄 어린 친구들이 침침하고 어두운 동굴에서 1,000번 정도의 바느질을 해야 만들 수 있는 물건이야. 너희가 컴퓨터 게임이나 축구 경기를 하는 동안 지구 반대편 어린이들은 원하지 않는 '아동노동'에 노출돼 있는 것이 현실이야.

부유한 가정에서 생활한다면 다행이겠지만, 모든 어린이가 부유한 가정에서 사는 것은 아니지. 부모님이 돈을 벌어오지 못하면, 일단 생활을 하기 위해 어린이들이 돈을 벌어 와야 하는 안타까운 가정이 전 세계에는 많이 있단다.

어떤 가정은 엄마, 아빠, 아이할 것 없이 모든 가족 구성원이 돈을 벌어야 겨우 생계를 유지할 수 있기 때문에 아동을 노동 현장으로 내모는 거란다.

우선 아동 노동의 개념, 사회적 기업 등과 관련한 자료를 조사한 뒤 인도의 아동 노동 현장으로 출동해 보도록 할까?

아동 노동과 사회적 기업

{아동 노동이란?}

화수초등학교
4학년 전은비

아동 노동에 대해 조사하면서 별 생각 없이 먹고 입는 물건들이 다른 나라 친구들의 피와 땀으로 만들어졌다고 생각하니 고개가 절로 숙여졌어.

국제 구호 단체에서는 다음의 경우에 해당하면 '아동 노동'이라고 정의한다고 해.

①아동을 혹사시키고 영양실조를 가져오는 경우 ②파키스탄의 어린이들처럼 비좁고 통풍이 안 되는 열악한 작업 환경에서 일할 경우 ③융단카펫을 만드는 등 시력을 상하게 하는 세밀한 작업 ④노는 시간도 없이 교육을 받지 못하고 일하는 경우 등을 아동 노동이라고 정의해.

특히 부모님이 진 빚을 아이들을 맡기고 갚으려는 일도 벌어진다고 해. 인도에서는 다섯 살만 넘어도 길거리에서 구걸 등을 하며 노동에 시달리는 아동이 1억 명씩 있다는 사실에 깜짝 놀랐어.

하지만 이 같은 수치로 실제 아동 인구를 계산하기는 어렵대. 아동 노동은 불법적으로 아무도 모르게 일어나는 일이 많으니까. 그래서 실제로 알려진 수치보다 훨씬 많은 어린이가 노동으로 시달린다고 해.

강제 노동을 하는 아이들 대부분이 감당하기에 아주 힘든 일을 하는데, 농사일이나 다이아몬드 광산에서 광물을 채취하기도 한대. 그리고 심지어 전쟁에서 총을 드는 일도 있다고 해.

우리들 키만 한 총을 들고 어른들이 일으킨 전쟁터에서 목숨을 걸고 총을 쏴야 하는 거지. 생각만 해도 정말 무시무시해. 실제로 아프리카의 수단에서는, 열세 살짜리 소년병에게 사형 선고가 내려지기도 했대.

이뿐만 아니라 콩고에서는 일곱 살짜리 여자 아이가 군인들에게 끌려가서 빨래, 청소 같은 허드렛일을 했다고 해. 나는 이번 조사를 통해 아동 노동 문제가 정말 심각하다는 걸 알게 되었어.

: 인도의 타밀아두 마을은 특히 아동 노동자들이 많습니다. 성냥 공장에서 일하는 타히야는 학교에 가는 시간을 제외하고 하루 8시간을 꼬박 이 공장에서 일합니다.

{ 아동 노동의 원인과 문제점은 어떤 것일까? }

신도초등학교 5학년 왕철이

어린 아이들을 위험한 노동 현장으로 내모는 가장 큰 원인은 가난 때문이래.

가난한 나라의 가정에서는 어린 자녀가 벌어오는 돈이 생활에 큰 도움이 돼. 우리나라도 한국 전쟁 직후에 우리 같은 어린이가 구두닦이나 연탄 나르기를 하는 걸 텔레비전에서 본 적이 있어. 나는 그냥 드라마 내용이라고만 생각했는데 아직도 지구촌 곳곳에서 이런 일이 일어나고 있다니 너무 충격이었어.

중남미 일부 지역에서는 어린이가 일을 해서 벌어오는 월급이 그 친구 가족 전체 수입의 3분의 1을 차지하기도 한대.

어린이에게 억지로 일을 시키는 부모들은 대부분이 실업자이거나 직업이 있어도 먹고 살기 힘들 정도로 수입이 낮은 경우야. 하지만 사장님들이 어린이를 부려먹는 이유는 어린이에게는 어른보다 훨씬 낮은 월급을 줘도 되기 때문이야.

우리처럼 공부를 해야 할 친구들이 노동 현장에 있게 되면 어른들처럼 단체로 의견을 말한다던지, 심지어는 매를 맞으면서 부당한 대우를 받아도 힘이 부족하니 대항할 수가 없어.

사장님은 값 싼 월급을 주고 아동을 부려먹을 수 있고, 언제든지 해고시킬 수 있기 때문에 어린이를 채용하는 거라고 해.

조사를 해 보니 역사적으로도 아동들의 노동력을 악용해서 이익을 남겼던 일이 아주 많았어. 1800년대 영국에서는 어린이들에게 섬유공업 같은 노동을 시켜서 사회 문제가 된 적도 있어. 그 당시 어린이들 중에는 6~7세밖에 안 된 아이들도 많았대. 하루에 무려 12~16시간이나 일을 시켰다고 하니 정말 놀라지 않을 수 없어. 하루 16시간이면 겨우 8시간이 남는데 그럼 잠도 제대로 못 자고 어린이들이 노동을 했다는 거잖아. 나는 하루에 10시간 이상을 자고도 부족하던데.

자본주의 시장 경제에서 기업들이 적은 비용을 투입하고 높은 효율을 올리려는 게 당연하다고 말하는 사람도 있었대. 그런데 1980년대에 들어서 국제적인 의류 회사나 식음료 회사들이 개발도상국 아동의 노동력을 공정하지 못하게 착취하는 것이 세상에 알려지면서 달라졌대.

이런 기업들은 '미래의 주인'인 어린이들의 노동력을 착취하고 있다는 소문이 퍼지면서 오히려 판매가 떨어지고 이미지에 타격을 받았어.

그러니까, 우리가 천 원짜리 물건 하나를 사더라도 물건이 어떻게 생산되었나 하는 과정도 관심을 가지는 것이 기업들이 사회적 문제에 관심을 갖게 하는 길이라고 생각해.

{ 아동 노동과 공정 무역은 어떤 연관이 있을까? }

선일초등학교
6학년 서미미

왕철이의 발표대로 소비자들이 제품을 생산하는 과정까지 관심을 기울이자 기업들은 물건을 사는 소비자의 마음의 눈높이를 맞추려고 발 빠르게 움직이기 시작했대. 그것이 바로 '공정 무역' 이라는 새로운 형태의 교역을 탄생시킨 거라고 해. 공정 무역이란, 후진국에서 생산되는 상품을 판매하면서 생기는 이익을 최대한 생산자에게 되돌려주자는 걸 말해. 이런 공정 무역에서 가장 중요한 것이 제품을 생산할 때 아동의 노동을 금지시키는 것이래.

공정 무역이란, 후진국에서 생산되는 상품에서 발생하는 이익의 일부를 생산자에게 제대로 되돌려주자는 거야. 그리고 6월 12일은 '세계 아동 노동 반대의 날' 이라고 해. 에티오피아의 어린이처럼 커피를 생산하는 사람에게 커피 값을 고려해서 터무니없이 싼 돈이 아니라 적정한 인건비를 지급해 주자는 거야. 정말 좋은 일이지? 세계 여기저기서 중간 상인들의 개입을 최대한 줄이고, 개발도상국 생산자가 스스로 삶의 기반을 개척하고 자립할 수 있도록 도와줘야 한다는 생각이 바탕에 깔려 있는 거래.

매년 5월 둘째 주 토요일을 '세계 공정 무역의 날' 로 정해서 이런 취지들을 되새겨 볼 수 있게 했대.

　공정 무역의 대상은 커피, 코코아, 면화 등 대부분 아프리카와 중남미에서 생산된 뒤 한국 등의 나라에서 판매되는 세품이야. 소비자들이 이런 공정 무역 제품들을 좋아하게 되자 생산자인 기업들도 움직이지 않을 수 없게 됐는데, 우리가 즐겨 먹는 미국의 한 도넛 회사는 공정 무역 제품만으로 생산된 커피를 들여놓기도 하고, 또 어른들이 좋아하는 커피 회사들도 공정 무역 커피 원두의 사용 비율을 꾸준히 늘려서 소비자들의 마음에 들게 하는 전략을 쓰기도 한대.

　또, 일부 백화점에서도 딸기잼, 설탕, 시리얼 등 50여 개 공정 무역 상품을 꾸준히 판매해 고객들의 눈높이를 맞추려는 움직임이 일고 있대. 앞으로 우리가 물건을 살 때 이 물건이 생산된 경로와 노동력이 공정한 것인지 꼼꼼하게 따져 보는 것이 제3국의 어린이나 가정에 희망으로 돌아 갈수 있다는 걸 조사를 통해 알 수 있었어.

출동, 국제 구호!

::인도 아동 노동 현장을 방문하다

나 왕철이는 이번에 자료 조사를 하면서 내 또래 친구들이 하루 종일 억지로 일을 한다는 말을 믿을 수 없었어. 하루라도 빨리 현장에 달려가 친구들을 돕고 싶었어.

우리 구호팀이 간 곳은 인도 남부에 있는 타밀나두 주의 벨로르 지역이야. 이곳은 1,200만 명의 아동이 노동으로 시달리는, 인도 가운데에서도 아동 노동이 가장 심각한 곳으로 알려져 있어.

출발하기 전 대장님 말씀대로 상당히 더울 것이라고 예상은 했지만, 막상 현지에 도착하고 보니 이곳의 낮 기온은 섭씨 39도까지 치솟고 있지 뭐야. 우리나라에서 한 여름에 기온이 섭씨 37도만 올라도, '100년만의 무더위'라며 난리법석인데, 이곳은 39도까지 올라가니 일을 하기는커녕 턱밑까지 숨이 차올라서 숨쉬기도 힘들 정도야.

우리는 아침 일찍 구두를 만드는 한 공장으로 향했어. 11살의 나뜨아난드가 또래의 30여 명의 아이들과 함께 나무로 만든 구두 틀에 가죽을 맞추고 있었어. 서울의 길거리에서 구두 수선을 하는 아저씨들이 쓰는 도구와 비슷하게 생긴 것을 사용하고 있었어.

작업은 엄청난 찜통더위에도 불구하고, 선풍기 하나 없이 어두침침한 골방 같은 곳에서 이뤄지고 있었어. 냄새도 독한 본드 성분을 만져야 하는 작업이었는데도, 장갑을 낀 친구들은 없었어. 대부분 맨손으로 그 독한 본드를 손에 묻혀 연신 구두 가죽을 붙이고 있었지.

일곱 식구의 둘째 아들인 나뜨아난드는 부모님이 그 많은 식구를 먹여 살

리기 힘들어지자, 친척의 소개로 이 공장까지 오게 되었대. 나뜨아난드는 아침 9시부터 새벽 1시까지 꼬박 14시간을 구두 만드는 공장에서 일을 해.

　힘들지 않느냐는 누리 대장님 말에 나뜨아난드는 아무 말도 없이 그냥 울음을 터뜨렸어. 숨쉬기도 힘든 공장 안에서 땀과 눈물이 범벅된 나뜨아난드를 보니 나도 눈물이 났어.

　하지만 이렇게 목숨을 걸고 일해도 나뜨아난드가 버는 돈이란 게 거의 없다는 사실에 우리는 또 한 번 말문이 막히고 말았어.

　구두 수선 기술을 배우고, 공장에서 먹여 주고 재워 준다는 이유로 한 푼의 월급도 지급되지 않는다지 뭐야. 이렇게 더운 날 토굴 같은 공장에서 14시간을 쪼그리고 앉아 일한 대가가 겨우 아침, 점심, 저녁이라니 참 어처구니가 없었어.

　그나마 제공되는 식사도 이곳의 주식인 묽은 커리와 밥이 전부였어. 식판도 없이 플라스틱 양동이에 담아서 나눠주고 있었어. 새벽에 일이 끝나면 열다섯 명씩 한 방에 다닥다닥 붙어서 기

: 부모가 진 단돈 5만 원의 빚 때문에 하루 종일 담배 마는 일을 해야 하는 인도의 어린이들. 아시아 대륙에는 이와 같은 어린이 노동자가 1억 5천3백만 명이나 있습니다.

절하다시피 잠이 들곤 해.

하루 세끼 식사 시간 외에 별다른 휴식 시간이 없는 친구에게는 잠자는 시간이 유일하게 부모님과 형제들을 만날 수 있는 순간이라니 정말 마음이 아팠어.

우리 구호팀이 미리 가져간 '마음의 선물'을 전달할 기회가 있었어. 우리가 당장 그 친구를 구두 공장의 열악한 작업에서 구해줄 방법이 없었기 때문에, 대신 한국에서 출발하기 전 구호 단체로부터 전해들은 소식으로 목장갑과 마스크를 미리 비행기에 싣고 갔어.

나뜨아난드는 우리가 전해 준 손바닥 부분에 빨간색 고무로 덧칠해져 있는 목장갑을 보자마자 곧바로 '무엇에 쓰는 물건'인지 알아차렸어. 우리는 말이 통하지 않아 설명을 해 주지 못했지만 그 친구는 이내 울음을 그치더니 장갑을 끼고 나서는 마치 겨울에 털장갑을 선물받은 아이처럼 얼굴에 따스한 표정을 지었어.

우리가 특수 마스크를 보여주자 나뜨아난드와 친구들은 마스크를 몹시 신기해했어. 우리가 가져간 마스크는 한국에서 '신종플루'가 유행할 때 예방효과가 있다고 알려진 마스크야.

이들이 목장갑과 마스크로 유해한 본드 냄새와 화학 약품에서 조금이나마 보호받을 수 있다고 생각하니 그나마 마음이 놓였어. 일부 친구들은 마스크를 착용하고 목장갑을 쓰는 게 불편하다고 생각했는지 고마워하면서도 착용하려 하지 않았어. 그도 그럴 것이 장갑과 마스크를 착용하기에는 공장 안의 온도가 너무 높았어.

　누리 대장님과 구호대원 분들은 공장 안팎을 둘러보고 서울에서 준비해 간 환풍기를 공장 벽에 설치하기 시작했어. 공장 벽 위쪽에 구멍을 뚫는 공사를 하는 것만으로도 공기가 순환이 되어서 훨씬 숨쉬기가 부드러웠지.
　누리 대장님은 "우리가 아무렇게나 함부로 사용하는 일회용 젓가락을 아껴서 이 친구들에게 나누어 주면 본드를 바를 때 맨손으로 하지 않아도 될 텐데"라며 안타까워 하셨어. 우리가 나뜨아난드와 친구들에게 줄 수 있는 것은 너무나 적었지만 친구들은 작은 관심에도 너무나 고마워했어.
　나뜨아난드에게 가장 큰 위안을 준 것은 단지 목장갑과 마스크, 약간의 구호품이 아니라 사람들의 관심이라는 생각이 들었어. 우리 구호팀과 같은 많은 국제 단체들이 '친구들이 고생하며 일하는 상황을 잘 알고 있으며, 조금이나마 고통을 덜어주기 위해서 세계 곳곳을 다니면서 이 상황을 알리고 직접적인 도움을 주려는 노력을 하고 있다'는 메시지를 전했어.

앞으로 언제까지 지긋지긋한 노동에서 벗어날까 고민하는 나 뜨아난드에게 '너는 혼자가 아니다'라는 용기를 심어 준 것 같아 다행이라고 생각했어.

누리 대장님과 구호대원은 이곳의 친구들이 제대로 구두 만드는 기술과 미래에 도움이 될 수 있는 기술을 배우도록 기술학교를 세워야 한다고 말씀하셨어.

서울로 돌아가면 여러 단체의 지원으로 계획을 세워야 한다고도 하셨어. 우리도 많은 사람에게 이곳의 소식을 알리자고 다짐했어. 앞으로 이곳에 기술학교가 세워지고 친구들이 좋은 환경에서 좋은 기술을 배우는 날이 빨리 오도록 내가 할 수 있는 일을 해 볼 작정이야.

::합리적 소비와 윤리적 소비, 어떤 게 좋은 걸까?

만약 품질이 같은 두 상품이 하나는 비싸고 다른 하나는 훨씬 싸다면 당연히 가격이 싼 물품을 사는 것이 경제적으로 보았을 때 '합리적'인 소비인 거야.

아담 스미스나 케인즈에서부터 최근의 맨큐와 같은 유명한 경제학자들은 '최소의 비용'으로 '최대의 효용'을 얻는 것을 '합리적 소비'라고 이름 지었거든. 하지만 아동 노동처럼 개발도상국의 인권에 대한 관심이 커지면서 합리적 소비와는 다른 '윤리적 소비'가 알려지기 시작했어.

앞에서 윤리적 소비란, 상품을 선택할 때 단순히 가격, 품질을 고려하는 것을 넘어서 상품이 만들어지는 과정까지 생각한 소비라고 한 거 기억하지? 윤리적 소비자는 물건의 제조 과정에서 환경을 해치거나 아동 노동을 악용해 인권이 유린되는 등 비윤리적인 방법이 사용됐다면, 이 상품의 품질이 아무리 좋고 가격이 낮아도 구매를 하지 않는 것을 말해. 최근 우리나라에서도 초콜릿, 커피, 운동복 같은 제품을 보면 '공정 무역'이라는 표시가 들어간 제품을 심심치 않게 볼 수 있을 거야.

그런데 갑자기 헷갈리지? 그럼 물건을 살 때 너무 싼 물건은 사지 말고 비싼 물건을 사라는 말인가 하고. 여기서 두 가지 문제를 생각해 볼 수 있을 거야. 합리적인 소비와 윤리적인 소비, 어떤 게 좋은지에 대한 것이야. 그리고 어떻게 해야 적정한 노동 대가를 주고 생산된 물품을 좋은 값이 구매할 수 있는지 말이야.

생각해 보기 전에 무함마드 방글라데시 총재가 한 말을 읽어 보자.

공정 무역은 자신이 일한 만큼 정당한 대가를 받는 권리를 갖는 것이다. 중간에 누군가가 남의 성과를 가로채지 못하게 하는 것이다. 생산자가 정당한 몫을 받을 수 있는 거래 방식, 즉 공정 무역의 시장을 찾고 넓혀 나가야 한다. 이것이 바로 빈곤 문제에 세계가 대처하는 방법이다.

—무함마드 유누스 방글라데시 그라민 은행 총재

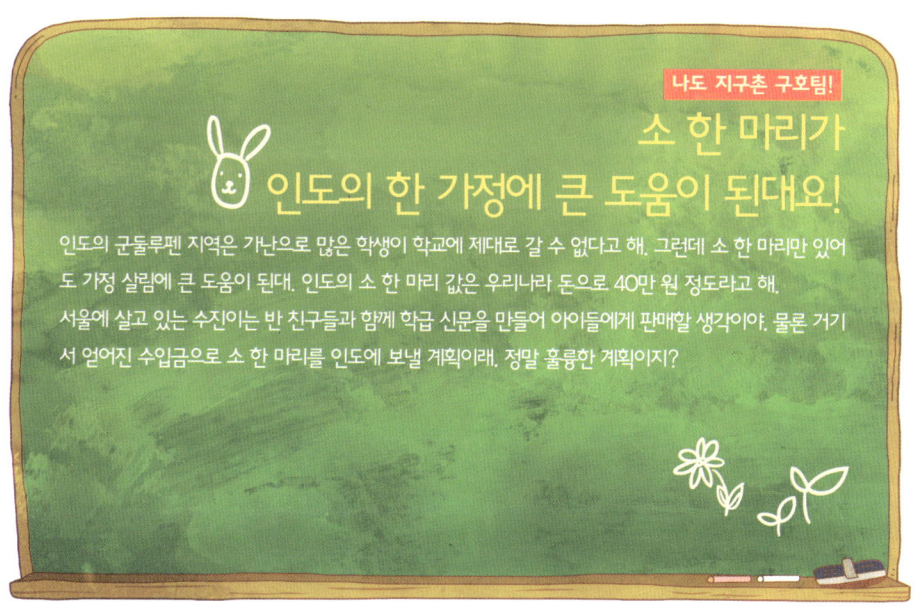

나도 지구촌 구호팀!

소 한 마리가 인도의 한 가정에 큰 도움이 된대요!

인도의 군둘루펜 지역은 가난으로 많은 학생이 학교에 제대로 갈 수 없다고 해. 그런데 소 한 마리만 있어도 가정 살림에 큰 도움이 된대. 인도의 소 한 마리 값은 우리나라 돈으로 40만 원 정도라고 해. 서울에 살고 있는 수진이는 반 친구들과 함께 학급 신문을 만들어 아이들에게 판매할 생각이야. 물론 거기서 얻어진 수입금으로 소 한 마리를 인도에 보낼 계획이래. 정말 훌륭한 계획이지?

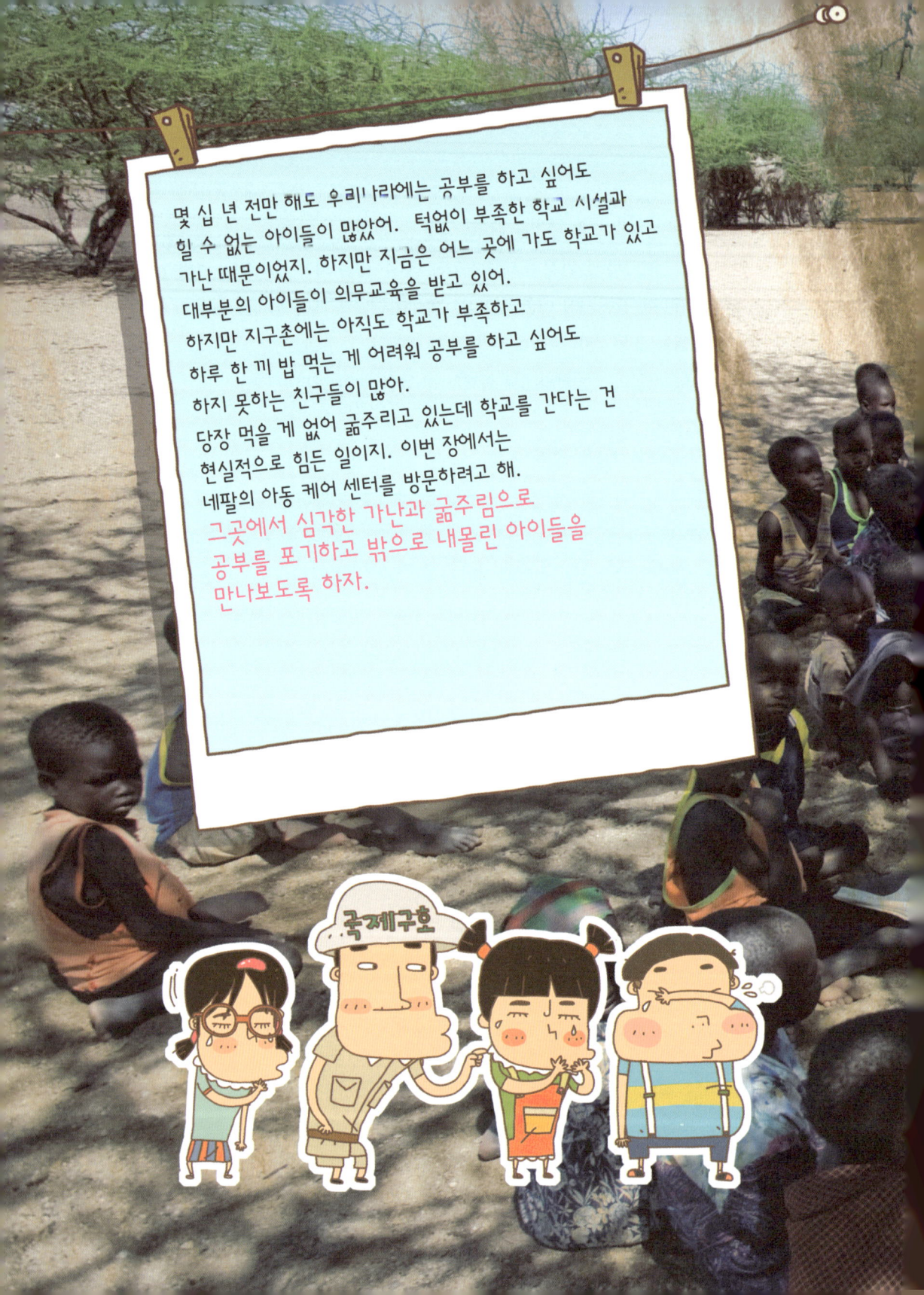

몇 십 년 전만 해도 우리나라에는 공부를 하고 싶어도
힐 수 없는 아이들이 많았어. 턱없이 부족한 학교 시설과
가난 때문이었지. 하지만 지금은 어느 곳에 가도 학교가 있고
대부분의 아이들이 의무교육을 받고 있어.
하지만 지구촌에는 아직도 학교가 부족하고
하루 한 끼 밥 먹는 게 어려워 공부를 하고 싶어도
하지 못하는 친구들이 많아.
당장 먹을 게 없어 굶주리고 있는데 학교를 간다는 건
현실적으로 힘든 일이지. 이번 장에서는
네팔의 아동 케어 센터를 방문하려고 해.
그곳에서 심각한 가난과 굶주림으로
공부를 포기하고 밖으로 내몰린 아이들을
만나보도록 하자.

국제 구호 활동 6
뒤처진 지구

교육과 지역 개발

Nepal

아이들을 학교로 보내 주세요!

수십 가구가 옹기종기 모여 사는 네팔의 한 마을. 이 마을의 부모들에게 자녀는 어떤 의미일까? 부모들은 아이를 가르쳐야 한다는 생각이 없다. 어느 부모도 자녀를 학교에 보낼 생각을 하지 않는다.

새 학기가 시작되면 부모들은 일단 학교에 얼굴을 삐쭉 내비춘다. 학교에서 학생 한 명당 교복과 지원금을 주기 때문이다. 하지만 이걸로 끝이다. 몇 주가 지나면 학생들은 하나 둘씩 교실을 슬금슬금 빠져나간다. 이들이 학교를 빠져나가 향하는 곳은 교실이 아닌 들판이나 논이다.

한 친구는 학교에서 생활하는 것이 재미가 없다고 말한다. 오히려 들판에서 일하며 벗들과 어울리는 것이 이들에게는 자연스러운 일이다.

이런 상황에서 학부모들을 설득하기란 쉽지 않다. 하지만 가난의 악순환을 끊는 고리가 바로 교육일 텐데, 한 명의 학부모라도 교육의 중요성을 깨우쳐 한 명의 아이라도 학교에서 공부할 수 있었으면 좋겠다.

또, 그 학생이 밀알이 되어 들판에서 떠돌아다니는 또래의 친구들과 함께 교실에서 재잘거리는 모습을 보고 싶다.

알아보기!

:: 개발도상국에 교육이 꼭 필요한 이유

애들이 담과 나무에 매달려서 '누구든지 학교로 오너라. 배우고야 무슨 일이든지 한다' 하고 풀이 죽은 목소리로 외기를 시작한다.

_심훈 소설 《상록수》

오늘은 1920년대 일본이 우리나라를 강제로 병합했을 당시를 배경으로 한 소설 《상록수》를 이야기해 볼까 해. 이 소설은 일본이 우리나라의 주권을 빼앗아 가져갔을 때 학생들이 농촌에서 개혁을 이루고자 일으킨 계몽 선전 운동을 담고 있어.

당시 지식인들은 나라를 강제로 빼앗긴 상황에서 교육을 통해 빼앗긴 나라를 되찾으려는 생각을 가지고 있었어. 하지만 당시의 교육이란 것은 농민들에게 우리 민족의 글인 '한글'부터 가르치면서 조국이 처한 상황에 대한 올바른 역사 인식을 갖게 하는 것이 목적이었지.

지금 이 소설이 나온 지 약 70여년이 지났지만 지구촌 반대편 개발도상국에는 당시 한국의 상황처럼 교육에 목말라하는 이들이 많아. 그럼, 이제부터 개발도상국에 교육이 필요한 이유와 실제로 어떤 교육과 개발 사업이 필요한지 알아보도록 하자.

교육과 지역 개발 사업 왜 필요할까?

{ 문맹 퇴치 사업 왜 필요할까? }

화수초등학교 4학년 전은비

나는 문맹 퇴치 사업이 꼭 필요한 이유에 대해 알아보았어. 우리나라는 세종대왕이 '훈민정음'을 만들어서 누구나 쉽게 읽고 쓸 수 있게 되었어. 글자를 읽고 쓸 수 없는 것을 문맹이라고 하는데, 우리나라는 쉬운 한글과 높은 교육열로 문맹률이 거의 '무'에 가깝다고 해.

하지만 개발도상국의 상황은 많이 다르대. 소득이 낮은 개발도상국일수록 문맹률이 높은데, 문자를 읽고 쓸 줄 아는 능력 문해은 개인뿐만 아니라 사회 발전에도 매우 중요한 수단이라고 해.

나도 한글을 배우고 난 뒤에 책을 읽으면서 배운 것들이 참 많거든. 그러니까 글을 모르면 책이나 신문을 읽을 수 없으니까 정보에 뒤떨어지게 되는 거야. 당장 버스 번호도 읽지 못해 불편하잖아. 유네스코에서는 이런 '문해'를 모든 교육의 기본으로 생각한다고 해. 교육은 빈곤에서 벗어날 수 있는 기초가 되고, 또 유아 사망률도 줄이고 사회 변화와 발전을 빠르게 진행시킬 수 있는 힘이 된다고 해.

동티모르에 갔을 때 글을 읽지 못하는 주민들에게 보건에 대해 이해시키고 설명하는 데 힘들었던 게 생각났어. 실제로 동남아시아의 캄보디아는 가족 가운데 초등 교육을 마친 사람이 한 사람이라도 있는 경우 그 가구의 곡물 생산량이 13퍼센트나 향상된다고 해.

소득이 세계 20퍼센트 안에 드는 잘사는 나라에서는 88퍼센트 이상의 국민들이 초등학교에 준하는 교육을 받는데, 소득이 하위 20퍼센트 이하인 가난한 국가에서는 65퍼센트 미만만이 초등학교에 다닐까 말까 한다는 걸 알고 교육이 얼마나 중요한지 알 수 있었어.

초등 교육이 중요한 이유는 글을 읽고 씀으로 사람이 스스로 발전할 수 있는 힘을 길러준다는 데 있다. 어린이들이 교육을 통해 지역을 발전시킬 수 있는 어른으로 자라나도록 하는 거야.

하지만 대부분의 개발도상국에는 돈도 부족하고 여러 사정으로 제대로 된 학교를 지을 수가 없대. 우리가 구호 활동을 했던 아프리카 등 여러 나라 친구들이 학교를 거의 다니지 못하고 있거나 다녀도 서너 시간 거리에 있는 학교를 걸어서 다니고 있었던 게 생각났어.

: 국제 구호 기관에서 마련한 이동 도서관에서 책을 빌려 보는 아이들. 읽을 책이 턱없이 부족한 아이들에게 이동 도서관은 좋은 친구이자 훌륭한 후원자입니다.

{ 지역개발 사업이란 무엇이고 왜 필요할까? }

신도초등학교
5학년 왕철이

우리 아빠는 일요일 저녁 텔레비전에서 방영되는 '사랑의 전화번호' 프로그램을 보고 불치병으로 고통받고 있거나 안타까운 사연이 소개되면 전화를 걸어 성금을 내곤 하셔.

이렇게 성금을 모아서 그 돈을 사람들에게 지원하면 되는데, 지역 개발 사업이나 교육사업 같은 일을 왜 여러 단체에서 하는지 궁금했어.

사람이 기본적인 삶을 살려면 반드시 필요한 것들이 있어. 깨끗한 식수, 음식, 학교, 병원과 같은 사회 시설들이야. 이런 것이 갖추어져 있지 않으면 아무리 돈이 있어도 돈이 그 가치를 제대로 발휘할 수 없다고 해.

돈으로 몇몇 가정에 당장 식량이나 물품의 혜택이 돌아가긴 하겠지만, 지역 개발은 마을 주민 모두에게 오래도록 혜택이 돌아갈 수 있기 때문에 더 중요한 일일 거야.

약간의 돈으로 당장 하루의 근심을 없애기보다는 지금은 조금 불편하고 느린 것 같아도 장기적인 계획으로 지역 주민들의 생활 자체를 바꿔 줄 수 있으니 지역 발전 사업이 더 중요하다고 생각해.

당장 아픈 사람 몇 명에게 주사를 놓고 병을 고쳐 주는 것도 중요하지만 병원이 없는 곳에 병원을 만들어 준다면 이후로 많은 사람이 아프거나 병에 걸려도 안심할 수 있겠지. 그래서 지역 개발 사업이 중요한 거야.

지역 개발 사업의 분야는 다양하다고 해. 온실에서 농사를 짓는 법을 가르쳐 주는 것이나, 마을 가까운 곳에 학교나 병원을 만들어서 현지의 사람들이 스스로 어려움을 해결할 수 있도록 하는 일 등이 있지. 지역 개발 사업과 교육 사업은 같이 진행되는 게 효과적이어서 함께 진행된다고 해.

농사를 짓는 법, 가축을 기르는 법, 식수 시설을 설치하고 관리할 수 있도록 배우려면 무엇보다 지식과 기술이 필요해. 관개 수로를 위해 수로를 만들어도 그 수로를 관리하는 기술을 같이 익혀야 하는 거야.

그러니까 개인 한 사람 한 사람을 도와주는 것도 중요하지만, 지역 개발을 통해 한 마을이 발전해서 모두 함께 잘 살 수 있도록 하는 게 더 중요하다는 걸 이번 조사를 통해 깨달았어.

{사회적 기업과 그라민 은행}

선일초등학교 6학년 서미미

왕철이 말대로 도움을 주는 일도 쉬운 일은 아닐 거야. 특히 도우려는 일이 당장 눈앞에 보이지 않는, 먼 훗날 도움이 될 계획이라면 더 그럴 거야. 최근에는 세계를 하나의 지구촌으로 보고 큰 기업들이 자신들의 기술과 지식을 세계의 발전을 위해 사용하고 협력하는 일이 활발해졌어.

그리고 일반 기업들이 사회적인 여러 가지 문제에도 관심을 갖기 시작했는데, 이런 움직임에는 '기업의 사회적 책임'이란 것이 있대. 이 말은 일하는 노동자와 지역 사회가 함께 힘을 합쳐서 더 나아지려고 노력하는 것을 말한대.

옛날에는 이런 운동들이 주로 아동 노동이나 인권 침해, 환경 파괴 등 '하지 말아야 할 것'에 중심을 두었지만, 요즘은 개발도상국의 빈곤 퇴치 같은 일에 적극적이라고 해.

빈곤 국가인 방글라데시에는 가난한 사람들에게 담보도 없이 돈을 대출해 준 '그라민 은행'이 있어. 이 그라민 은행은 주민들이 스스로 일어설 수 있도록 물질과 용기를 함께 심어주었는데, 이를 바탕으로 세계적으로 유명한 식품회사와 손잡고 식품회사를 설립하기도 했어.

그래서 영양 부족에 시달리는 방글라데시의 어려운 사람들에게 요구르트를 아주 저렴하게 판매하는 일을 하고 있대.

그뿐만이 아니야. 만일 방글라데시에 이 회사의 요구르트 공장이 많이 설립되면 많은 주민이 공장에서 일자리를 찾아 소득을 늘릴 수도 있다고 해. 이렇게 해서 기업은 사회적인 책임을 실현할 수 있는 거라고 해.

출동, 국제 구호!

::네팔의 아동 케어 센터로 출동!

시구촌 구호팀은 이번에 히말라야 산맥으로 유명한 네팔의 아동 케어 센터를 찾아갔어. 네팔은 평지는 거의 찾아볼 수 없을 정도로 첩첩산중에 위치한 나라야.

우리는 네팔의 수도 카트만두에서 약 두 시간 정도 떨어진 산악 마을에 도착했어. 우리나라의 마을버스 같은 크기의 차로 천 길 낭떠러지 절벽 길을 굽이굽이 이동한 뒤 도착할 수 있었지. 이렇게 외딴 곳에 마을이 있으니 네팔에서도 왕래가 드물 것이라고 생각했어. 그러니 외국과의 교류는 더더욱 힘들 거야.

회색 지붕으로 칠한 아동 케어 센터는 일종의 마을회관 같았어. 센터 지붕 너머로 보이는 이름 모를 산에는 말로만 듣던 '만년설'이 덮여 있어 회색과 묘한 대조를 이루고 있었어.

이곳에서는 아동들에게 그림, 동요, 산수와 같은 기초 교육을 가르치고 있었어. 240명의 친구들이 소설 '상록수'의 그 장면처럼 '배우고야 무슨 일이든지 한다'를 외치듯이 열심히 공부를 하고 있었어.

나는 수업 시간에 가끔 딴 생각을 하기도 하거든. 그런데 이 센터에서는 아이들 뿐 아니라 우리 삼촌처럼 나이든 아저씨들도 책 한 권을 소중히 들고 열심히 공부 중이었어. 자세히 살펴보니 수학 문제집도 아니고 영어 교재도 아닌 이 나라 네팔의 문자를 가르치는 책이더라고.

"내 나이 30세가 될 동안 소원은 책 한 번 만져보는 것이었어. 이제는 내 손으로 직접 읽고 쓸 수 있는 '내 책'이 있어 더 이상 바랄 것이 없다"

아저씨 한 분이 이렇게 말하며 눈물을 흘리더라고. "배울 수 있을 때 열심히 배우라고" 하시면서 말이야.

재산목록 1호인 책을 보니 페이지마다 너덜너덜해져서 얼마나 열심히 공부를 했는지 알 수 있겠더라고. 아저씨의 아들은 5살인데 오전에 센터에 와서 우선 간식을 먹은 다음 동요를 배운대.

이 친구가 학교에 있는 동안 엄마는 아이 걱정을 안 해도 되고 마음대로 밭에 나가서 일을 할 수 있기 때문에 집안에 소득도 많이 늘었다고 해. 그뿐만이 아니야. 아이들이 센터에서 아침, 점심까지 먹고 오니 집안에 음식이 부족할 일이 줄었고 무엇보다 아들이 책을 보면서 '꿈'을 키우는 모습을 보니 하루 종일 밭에서 채소를 가꿔도 전혀 힘들지 않다고 하더라고.

하지만 이곳 센터가 처음 설립될 때는 어려움도 많았대. 마을 주민들이 경계심을 풀지 않아서 6개월 동안은 이들과 함께 센터 직원들이 밭에서 같이 농사도 짓고 하면서 믿음을 주기 시작했지.

이렇게 꾸준히 마을 주민과 새우잠을 자면서 신뢰를 쌓아갔고, 1년쯤 되자 마을의 어른이 찾아와 센터에 관심을 갖기 시작했대. 이후로는 센터 설립이 급물살을 타게 돼서 오늘날 제대로 된 시설을 갖추게 됐고, 주민들의 생활도 나아지고 있대. 특히 주민들의 표정이 많이 밝아졌다지 뭐야.

우리 구호팀은 센터의 낡은 외벽을 페인트칠하기로 했어. 누리 대장님은 동네 주민분들과 함께 낡은 책걸상을 고치는 작업을 했고, 우리는 외벽에 갈라진 틈에 방수제를 바르고 하얀 페인트 칠을 꼼꼼하게 했어. 생전 처음 해 보는 페인트칠이었지만 모두 함께하니 더 즐거웠어.

누리 대장님이 "하얗게 칠한 것도 예쁘지만 모두 함께 기념이 될 만한 그림을 그리면 어떨까?"라고 제안했어. 그래서 우리는 네팔 친구들과 센터 외벽에 우리 모습을 꽃과 함께 그려 넣기로 했어. 나는 내가 제일 좋아하는 해바라기를 그렸어. 잘 그리든 못 그리든 함께 그림을 그리니 너무 즐거웠어. 누리 대장님은 이것도 구호 활동이자 좋은 놀이이고 공부라고 하셨지.

그리고 보니 벽이 더욱 화사해졌어. 우리는 모두 함께 벽 앞에서 기념 촬영을 했어.

그림을 그리고 우리나라로 치면 유치원에 다닐 정도의 어린 친구들과 함께 재미있는 학습 활동을 하기로 했어. 우리는 준비해간 우리나라의 화선지로 부채 만들기를 하기로 했어.

네팔의 동생들은 처음 보는 화선지를 매우 신기해했어. 가위 같은 물품이 부족했지만 사이좋게 화선지와 대나무를 이용한 부채를 만들었어. 친절한 은비는 네팔 동생들에게 인기 만점이었어. 화선지 부채는 아이들 뿐 아니라 어른들에게도 인기가 많았어.

　짧은 시간동안 함께했지만 네팔 친구들이 어찌나 재미있어 하고 기뻐하던지 마음이 따듯해졌어.

　낮 시간에는 대부분의 아이들이 이곳 아동 케어 센터에 와서 공부하고 생활하는데, 연필이나 책 등이 터무니없이 부족하다고 해. 한 권 있는 공책을 아껴 쓰려고 조금만 빈부분이 있어도 빼곡하게 글자를 채워 넣지 뭐야.

　아이들이 볼 수 있는 책이 너무 부족한 것 같아 누리 대장님께 물어 보았더니 안 그래도 사랑의 도서관을 준비 중에 있다고 하셨어. 여러 단체에서 모인 돈으로 책을 구입하고 도서관 부지를 선정해서 곧 도서관 건물을 지을 거래.

　아이들이 책을 마음껏 볼 수 있는 도서관이 어서 빨리 개관됐으면 좋겠어.

::밥을 먹고 살까? 지식을 먹고 살까?

네팔의 어린이들은 배움에 대한 열정이 있어도 교육 기회가 많지 않아 대부부의 개발도상국에서는 가정에서 벌어들이는 소득이 적은 상황이고, 어린이들도 학교에 가기보다는 생계를 위해 부모님을 도와 농사를 짓거나 돈을 버는 경우가 많아.

"당장 먹을거리가 없는데 무슨 공부며, 학습이냐?"고 반문하는 것도 무리가 아니야. 당장 먹을거리가 없어서 굶어 죽게 생겼는데 공부할 정신이 어디 있겠어.

하지만 그렇기 때문에 공부를 해야 한다고 해. 앞에서도 말했듯이 초등학교를 졸업한 사람이 1명이라도 있는 가정에 소득이 늘었다고 하잖아. 그냥 오늘 먹을거리를 해결하기 위해 무턱대고 일만 하기보다는 공부를 하고 셈하는 법을 배워서 차근차근 미래를 준비하자는 거지.

모두 다 일리 있는 말이고 맞는 말이야. 만일 우리가 이러한 상황이라면 나는 어떤 선택을 하게 될지 한 번 생각해 보자.

그리고 우리 모두가 알고 있는 정답! 이들이 공부도 하고 생계도 유지하려면 국제 사회의 어떠한 도움이 필요하며 또, 어떤 방법들이 있는지도 생각해 보자.

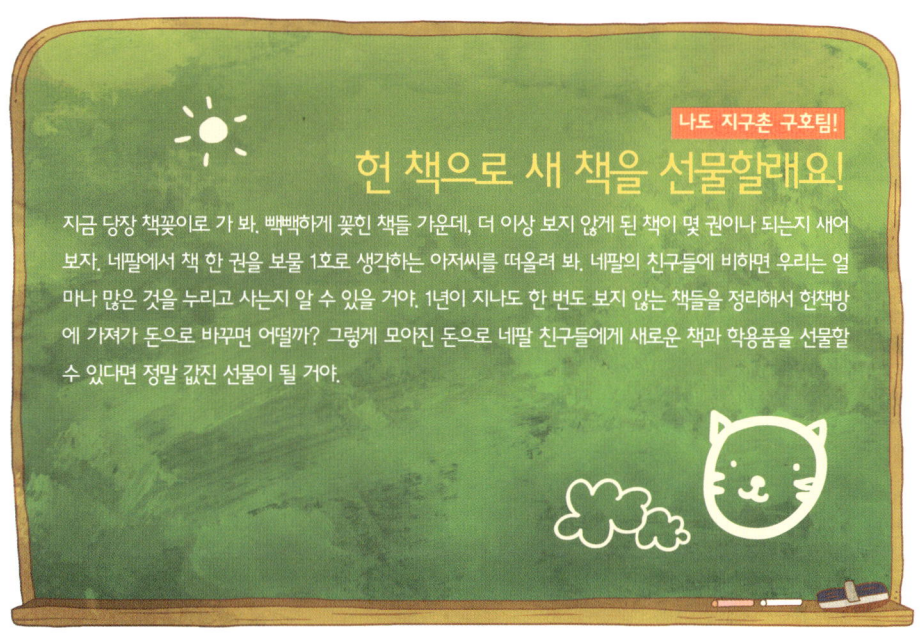

나도 지구촌 구호팀!

헌 책으로 새 책을 선물할래요!

지금 당장 책꽂이로 가 봐. 빽빽하게 꽂힌 책들 가운데, 더 이상 보지 않게 된 책이 몇 권이나 되는지 세어 보자. 네팔에서 책 한 권을 보물 1호로 생각하는 아저씨를 떠올려 봐. 네팔의 친구들에 비하면 우리는 얼마나 많은 것을 누리고 사는지 알 수 있을 거야. 1년이 지나도 한 번도 보지 않는 책들을 정리해서 헌책방에 가져가 돈으로 바꾸면 어떨까? 그렇게 모아진 돈으로 네팔 친구들에게 새로운 책과 학용품을 선물할 수 있다면 정말 값진 선물이 될 거야.

지금까지 우리는 지구촌 여러 곳에 구호의 손길이 필요한 곳을 알아보았어.
이번에는 아주 가까운 곳에서 도움의 손길을 필요로 하는 우리 이웃의 이야기를 해 볼까 해.
먹을 것과 입을 것이 넘쳐 보이는 우리나라에도 하루 세 끼 식사를 해결하지 못하는 어려운 이웃이 많이 있어.
당장 밥을 굶는 사람이 우리 주위에 있다니 믿기지 않지?
그러나 우리 사회에는 사회적 약자라 불리는 결식아동이나, 독거노인, 생활이 힘든 장애인이나 노숙자 등이 많아.
우리와 같은 땅에서 같은 시대를 살아가는 이런 사람들이 겪고 있는 어려움은 어떤 것인지, 또, 이들은 국가로 부터 어떤 지원을 받고 있고 우리가 도울 수 있는 일은 무엇인지 생각해 보도록 하자.

국제 구호 활동 7
외로운 지구

국내
구호

Korea

남수의 일기

2009년 12월 12일, 함박 눈

오늘도 아침부터 눈이 펑펑 내렸다. 친구들은 벌써부터 스키장을 가느니, 눈썰매장을 가느니 하면서 들떠 있다. 근데 나는 다른 친구들과 달리 새하얀 눈이 왜 이렇게 얄미운지 모르겠다.

돈이 없어서 할머니는 매일 언덕을 오르락내리락하시며 헌 종이를 리어카에 싣고 오신다. 리어카로 서너 번 모아야 겨우 쌀도 사고 내가 좋아하는 소시지도 먹을 수 있다.

그런데 오늘처럼 눈이 펑펑 내리면 리어카를 끌고 다니는 할머니에게 너무 위험하다. 눈이 그쳐도 걱정이다. 요새는 '내 집 앞 눈 치우기'를 한다고는 하지만, 우리 동네 사는 사람들은 다 힘들게 사는 사람들뿐이다. 눈 치우는 일보다 새벽에 일 나가는 것이 더 중요해서 눈을 치울 수 없다.

그나마 다행인 것은 연탄재가 있다는 사실이다. 새하얀 눈 위에 타고 남은 연탄재를 화풀이 하듯이 오늘도 막 던졌다. '바사삭' 하고 부서지는 연탄재에게는 미안하지만 그래도 언덕길이 덜 미끄러워서 다행이다.

내일은 제발 눈이 그쳤으면 좋겠다. 졸리다.

알아보기!

::왜 폐휴지를 모으는 걸까?

할머니와 아직 세 살밖에 안된 동생과 살고 있는 남수의 아빠는 남수가 어렸을 때 돌아가시고 엄마도 계시지 않아. 남수의 할머니는 팔십 세가 넘으셔서 백발이 무성하시고 허리도 굽었어. 남수는 서울 아주 높은 산동네의 방 하나짜리 작은집에 살고 있어.

남수네 가정은 어려운 형편으로 국가에서 지원하는 기초 생활비 40만 원을 매달 받아 생활하고 있어. 남수네 할머니는 작년까지만 해도 매일 폐지 수집을 하셨다고 해. 아침마다 동네를 돌면서 종이나 박스를 줍거나, 사람이 많은 지하철을 타고 버려진 신문 등을 모으는 등 그렇게 힘들게 폐지 수집을 해서 한 달에 오만 원이나 육만 원 정도를 더 벌 수 있었어.

그런 남수 할머니가 지난 겨울 폐지를 들고 언덕길을 오르다가 그만 미끄러져 크게 다치셨어. 그 뒤 자리에 누워 일어나지도 못한다고 해. 남수네는 기초 생활비로 할머니 약값과 집세, 난방비를 내고 나면 하루 세끼 밥 먹기도 힘든 형편이라고 해.

우리 주변에는 이처럼 알게 모르게 어려운 형편의 친구들이 많이 있어. 이렇게 우리나라에서는 최소한의 생활과 생계를 위한 수입이 없는 가정이나 개인을 어떻게 돕고 있는지, 또 이분들을 도울 구체적인 방법에 대해 생각해 보도록 하자.

국내 구호 어떻게 할까?

최저 생계비는 누가 받을까?

신도초등학교 5학년 왕철이

나는 국민 기초 생활 보장 제도에 대해 조사해 보았어.

우리나라에는 1961년부터 생활이 어려운 사람에게 필요한 돈을 지급해서 최소한의 생활을 보장해 주고 재기할 수 있도록 하는 제도가 있어.

2001년 10월부터는 법이 조금 개정되어서 소득이 최저 생계비*에 미달하는 대상자에게 생계비를 국가가 지원해 준다고 해. 일할 힘이 없는 빈곤층은 조건 없이 돈을 받고, 일할 수 있는 사람은 앞으로 일하고 싶은 직종에 맞게 교육을 해 주는 직업 훈련 등 자활(자기 힘으로 살아갈 능력을 키움)에 참여하는 조건으로 돈을 지급하고 있대. 그 외에도 의료비와, 주거비 그리고 교육비 등 다양하게 지급하고 있다고 해.

최저 생계비라는 것은 그야말로 최저라고 해 그러니 그것만으로는 생활이 어려워. 개인에 맞추어 세세하게 책정된 것도 아니어서 지원을 한다고 해도 모든 생활비를 충당해 주는 건 아니라고 해. 그래서 남수네처럼 힘든 경우가 생기는

★ 최저 생계비_국민의 건강하고 문화적인 생활을 유지하기 위해 소요되는 최소한의 비용을 말한다. 최저 생계비는 매년 조사해서 새로 공표하는데, 동사무소나 면사무소 같은 곳에 가서 신청하면, 조사팀에서 소득·재산 등 생활 실태 조사를 한 뒤 지원한다.

거래.

　그리고 지원을 받으려면 여러 가지 조건에 맞아 떨어져야 해.

　그 조건 가운데 하나만 못 미친다고 해도 지원의 폭이 줄어들거나 지원을 받을 수 없다고 해. 그런데 남수 엄마는 실제로 계시지 않지만 주민 등록 등본에는 일할 수 있는 나이의 엄마가 같이 있는 것으로 되어 있어서 더 많은 지원을 받기가 어려운 거래.

　그래서 국가 외 여러 구호 단체의 구호 활동이 필요하다는 것을 알 수 있었어.

{ 사회적 약자는 어떤 사람을 말하는 걸까? }

화수초등학교
4학년 전은비

왕철이 오빠가 꼼꼼히 조사한 기초 생활비나 국민 생활 보호 제도라는 건 한마디로 기본적인 생활조차 할 수 없는 어려운 국민에게 국가가 최소한의 생활비를 지원해 주는 제도라는 걸 알았어.

그래서 나는 우리 주변의 어려운 이웃에 대해 알아보고 싶었어. 텔레비전에 자주 나오는 결식아동이란 말이 있는데, 이건 말 그대로 끼니를 굶는 어린이를 뜻하는 거야.

요샌 먹을 게 너무 많아서 음식물 쓰레기가 많이 발생하고 비만이 문제가 되고 있는데, 어떻게 굶는 아이가 있을까 하는 생각이 들었어.

그런데 믿기지 않지만 우리나라에도 약 45만 명이라는 엄청난 친구들이 세끼 식사를 제대로 못하고 있다고 해. 학교에 다니는 동안에는 학교 급식이 있지만, 방학이나 학교에 가지 않을 때는 급식이 제공되지 않아 끼니를 굶게 되는 경우가 많대.

끼니를 굶는 어려운 친구들 대부분의 가정이 부모님이 안 계시거나, 할머니 할아버지와 어렵게 살아가는 친구들이 대다수였어. 또, 기초 생활이 어려운 분들 중에는 경제적 능력 없이 홀로 살아가는 독거노인 분들도 상당히 많았어.

몸이 불편하거나, 정신적 장애를 가진 분들도 있는데, 이분들이 일할 수 있는 곳이 마땅치 않다고 해. 우리나라에 등록된 장애인은 242만 명인데, 이건 국민 20명 가운데 한 명이 장애를 가지고 있다는 거래. 그런데 우리나라의 장애인 취업률은 40퍼센트가 안 된대. 장애 등급에 따라서 장애인 연금이라는 게 지급되기는 하지만 연금만으로 생활하기 힘든 경우가 많다고 해.

1998년 외환위기 때 일하던 일터와 가정을 잃고 갈 곳 없이 떠도는 노숙인들도 있고……. 조사를 해 보니 우리 주변엔 이런 사회적 약자가 아주 많았어.

{ 푸드 뱅크와 재능 기부는 무엇일까? }

선일초등학교
6학년 서미미

사람에게 정말 중요한 먹는 것조차 해결이 안 되는 이웃들이 우리 곁에 많은데 우리가 가진 것을 조금만 나누어 줘도 좋지 않을까? 이런 생각을 해 봤어. 그래서 나는 우리나라에서 하고 있는 나눔 운동에는 어떤 것이 있는지 찾아보았어.

조사를 하다 보니 푸드 뱅크라는 것을 알게 됐는데, 푸드 뱅크란, 식품을 생산·유통·판매·소비하는 곳에서 남는 먹을거리들을 제공 받아서 이를 필요로 하는 복지 시설이나 개인에게 제공하는 것을 말한대.

개인 가정이나 무료 급식소, 노숙자 쉼터, 사회 복지 시설 등 소외 계층을 돕고, 동시에 먹을거리 자원을 사회에 활용할 목적으로 세워진 거래. 우리말로는 식품 은행인 셈이지.

푸드 뱅크는 1967년 미국에서 처음 시작되어서 캐나다, 프랑스, 독일 등 사회 복지 선진국을 중심으로 발전하다가 우리나라에서는 1998년에 처음으로 실시했다고 해. 현재는 실직 노숙자·독거노인·장애인 등을 위해 무료 급식소를 운영하고, 결식아동을 위한 지역 공부방 운영과 급식을 하고 있어.

그리고 어려운 가정에 쌀, 고추장 등 생필품을 백 원 이백 원에 저렴하게 파는 푸드 나눔카페도 있대. 주민센터장님의 추천으로 대상자가 된 아주머니는 정가의 10퍼센트 정도 싼 가격에 식품을 구매한다고 해.

이 푸드 나눔카페는 관할 주민센터장의 추천을 받거나 위기 가정을 대상으로 회원제로 운영되며, 회원들은 한 달에 한 번씩 다섯 가지 품목 내에서 물건을 저렴하게 살 수 있대.

또, 한 가지 재능 기부란 게 있어. 재능 기부란, 자신이 가진 재능과 기술, 지식으로 나눔을 실천하는 기부 운동이야.

우리가 잘 아는 어떤 유명한 피아니스트는 이 재능 기부자가 되어서 어려운 환경에서 피아노를 치는 학생을 가르치는 것으로 이웃 나눔을 실천하고 있어. 자신이 가진 재능으로 이웃을 돕고 나눔을 실천하는 이런 특별한 나눔도 있어.

이 외에도 여러 종교단체나 개인이 운영하는 사랑의 밥차, 도시락 나눠주기 행사도 있다고 해.

출동, 국제 구회!

::사랑과 위로가 담긴 도시락 배달

오늘은 누리 대장님과 함께 사랑의 도시락 나눔을 하려고 이곳 '사랑회'에 나왔어.

아침 6시, 나는 찬거리를 마련하는 분을 따라 시장에 갔어. 오늘 도시락은 삼백 인 분이라고 해. 삼백 명이 먹는 식재료를 준비한다는 것도 정말 어마어마한 일이었어.

왕철이는 시장에서 파는 간식거리에 한눈을 팔아서 누리 대장님께 혼나기도 했지만, 왕철이가 두부가게 아저씨께 사랑의 나눔에 대해 이야기해서 두부를 삼십 모나 공짜로 얻었지 뭐야. 두부가게 아저씨는 "나도 항상 어려운 이웃을 돕고 싶었는데 살기 바빠서 마음뿐이었단다. 이렇게 조금이라도 도울 수 있어서 너무 기쁘겠다"고 하셨어.

우리는 지역단체에서 무상으로 제공하는 구내 식당의 부엌을 사용할 수 있어서 9시부터 본격적으로 음식 조리에 들어갔어. 자원봉사하시는 분들은 인근 지역에서 근무하시는 분들로, 시간을 낼 수 있는 사람이 돌아가며 20명 정도 참가해. 우리는 파 다듬기와 채소 다듬기처럼 간단한 일들을 도왔어.

오늘의 메뉴는 미역국, 검정콩 보리밥, 장조림, 김구이, 무말랭이무침과 감자볶음, 두부조림 이야. 음식을 만드는 것은 생각보다 손이 많이 가는 일이야.

음식을 도시락에 모두 담고 미역국까지 보온 통에 각각 담고 겨우 점심 시간에 맞춰 배달 작업을 마무리할 수 있었어. 그렇게 준비를 마치자 봉사자 이십여 명과 인근 지역 봉사자 여러분이 모이셨어. 담당 지역으로 출발!

: 도시락을 정성껏 준비하는 사람들의 모습

　내가 도시락을 배달한 곳은 인근에서도 아주 높은 지대에 있는 집이야. 정말 산봉우리를 향해 꼬불꼬불 나 있는 길로 좁은 집이 다닥다닥 붙어 있어서 더 이상 차로 진입이 불가능했어.
　우리 일행은 배달할 도시락들을 나누어 들고 차에서 내려 좁은 언덕의 계단을 올라가야 했어.
　할머니 한 분은 거동이 불편한데도 사랑의 도시락 봉사자들을 조금이라

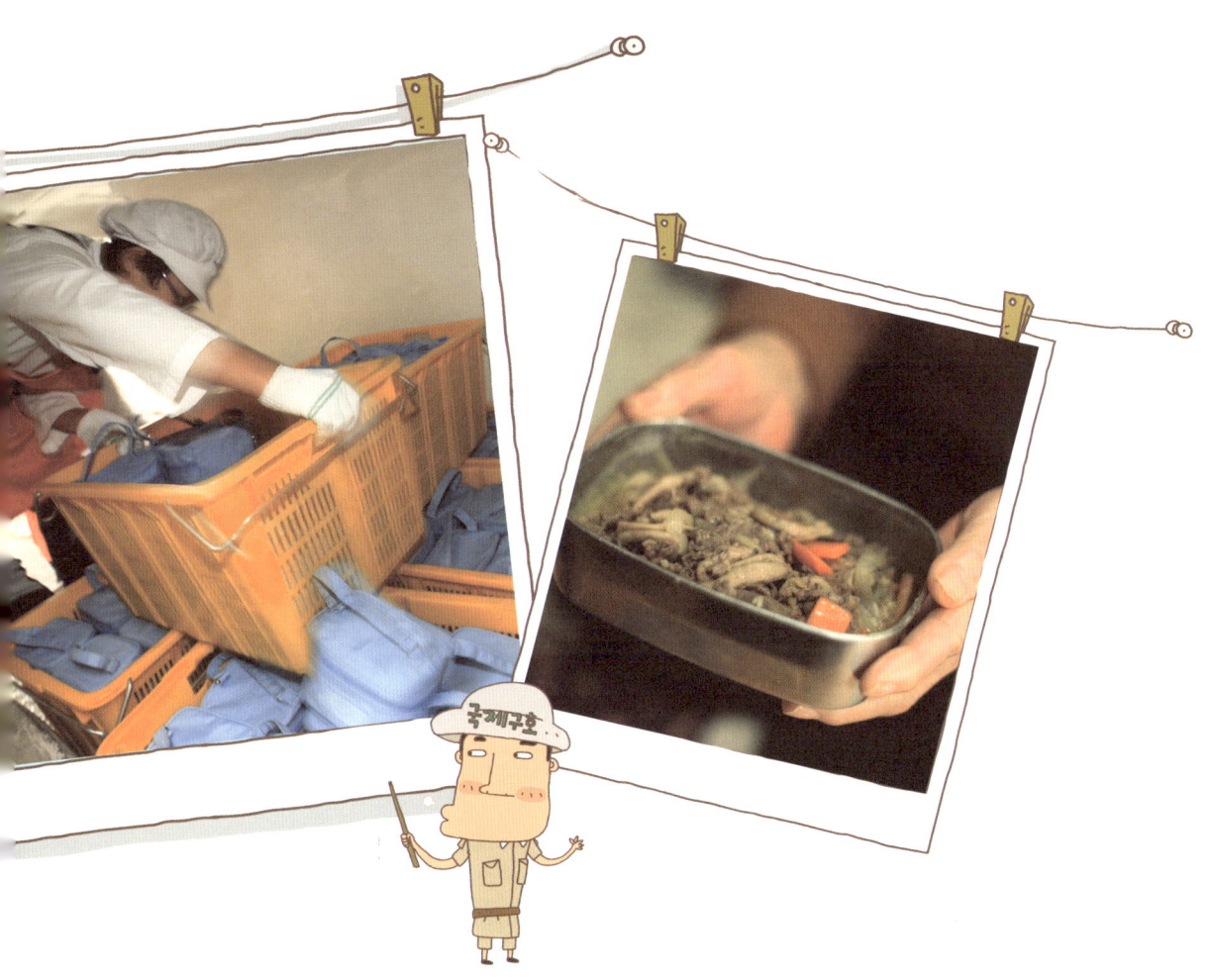

도 배려한다며 현관 밖에 나와 계셨어. 도시락을 내려놓는 자원봉사자에게 아껴 두었던 귤 두 개를 건넸어. 할머니의 온기가 남아 귤이 따뜻했어.

역시 삼십 분 정도 좁은 길을 따라 올라가 남수네 집에 도착했어. 남수는 할머니와 세 살된 남동생 은혁이, 일곱 살된 여동생 은영이와 사는데, 할머니는 몸이 많이 편찮으셔서 꼼짝을 못하시고 열 살된 남수가 할머니 병수발과 동생들 뒷바라지를 하고 있었어.

동네에서도 제일 높은 남수네 집에 도착했을 때, 좁은 마당에서 빨래를 널고 있는 남수를 보았어.

도시락을 꺼내는 동안 남수는 내내 말이 없었어.

지금까지는 어른인 자원봉사자분들만 보다가 또래의 아이들이 오니까 당황한 것처럼 보였어. 나는 그런 남수를 보고, 정말 미안해서 봉사를 나온 것이 조금 후회 됐어.

왕철이가 특유의 익살 개그를 해서 남수가 웃었을 때, 비로소 남수에 대한 미안한 마음이 사라지는 것 같았어.

할머니는 거동을 전혀 하지 못해서 남수가 식사며 대소변을 전부 책임지고 있었어. 자원봉사자와 우리 일행은 할머니 식사와 남수 동생들의 식사를 도왔어.

그런데 남수는 한 끼에 딱 맞게 싸간 도시락을 열자마자 부엌에서 빈 통을 들고 나왔어. 그리고는 한 끼 먹기에도 빠듯한 양의 반찬을 모조리 덜어 통에 담는 거야.

은비가 남수에게 '왜 반찬을 덜고 있냐'고 묻자, 생활비가 빠듯해서 반찬을 만들 여력이 되지 않는다고 말했어. 그래서 낮에 한 번 오는 배달 도시락 반찬으로 저녁도 먹어야 한다고. 쌀 같은 것은 동사무소나 지역 단체의 도움을 받아 괜찮지만 반찬은 지원을 받지 않는다고 해.

나는 하루 세끼 반찬 투정을 하면서 먹어도 항상 배가 고픈데……. 하는 생각을 했어. 좁은 계단을 빈 도시락을 들고 내려오는 내내 우리 셋은 말이 없었어.

:: 전면 무상 급식과 부분 무상 급식 어떤 게 필요한 법안일까?

인간의 가장 기본적인 욕구 가운데 하나인 먹는 문제를 놓고 어른들이 다양한 해결 방안을 내놓고 있어. 초중교생을 대상으로 학교에서 무상으로 급식을 실시하는 것을 놓고 논쟁이 벌어지고 있지.

초중교 교육은 헌법에 규정된 의무 교육인 만큼 그 연장선에서 학생들에게 학교에서 제공하는 급식도 무상으로 제공하자는 의견이야. 그리고 현재 저소득 자녀에게 무상급식을 실시하고는 있지만 여러 가지 이유로 무상 급식 대상에서 빠진 아이들이 많다는 거야. 또, '못사는 아이들만 급식을 주는 것'이라는 인식으로 한창 자라나는 어린이에게 마음의 상처를 주는 차별적이고 비교육적인 제도라는 거지.

이에 반해 무상 급식을 반대하는 사람들은 급식비를 낼 수 있는 사람에게까지 지원을 하는 건 예산 낭비라는 거야. 그 돈으로 다른 지원을 하는 것이 현실적이라는 말이지. 또, '아동들의 수치심'을 없애기 위해 전면 무상 급식을 실시한다는 것이 과연 바람직한 것이냐며 반문하지.

나도 지구촌 구호팀!
함께 해요, Buy Noting Day!

Buy Noting Day를 우리말로 해석하면 '소비 하지 않는 날'로 해석이 가능할 거야. 환경오염을 줄이고 과소비를 추방하자는 의미를 담고 있대.

전 세계의 20퍼센트는 필요하고 원하는 물건을 구매할 수 있지만 나머지 80퍼센트는 그러지 못해 고통받고 있다고 해. 그러니까 20퍼센트의 사람들이 지구상의 자원을 빠른 속도로 써버려서 80퍼센트의 사람들의 고통이 계속 심해지고 또 격차도 더욱 심해진다는 얘기야.

Buy Noting Day는 1992년 캐나다 밴쿠버의 예술가 테드 데이브(Ted Dave)에 의해 시작되면서 널리 알려진 운동이야. 일년 중 이날 하루만큼은 소비하지 말자는 운동이지.

북미에서는 추수감사절의 다음 주 금요일을 Buy Nothing Day로 지키고 있으며, 전 세계적으로는 그 다음 날을 기념하고 있어. 이 캠페인은 미국뿐만 아니라 영국, 이스라엘, 독일, 뉴질랜드, 일본, 네덜란드, 노르웨이 등으로 퍼져나갔으며 현재 Buy Nothing Day에 참여하고 있는 국가는 65개가 넘는 다고 해. 한국에서는 1999년부터 11월 26일을 Buy Nothing Day로 정했어. 11월 26일, 함께 동참해 보면 어떨까?

실제로 학교에서 무상 급식을 실시하던 미국 뉴욕시의 경우에는 시에 돈이 모자라 무상 급식을 줄일 수도 있다는 전망이 나온다고 해.
어른들의 이 같은 논쟁은 결국 한정된 예산이나 자원을 어떻게 합리적으로 배분할 것이며, 교육의 가치를 어느 분야에 우선순위를 둘 것인지에 관한 문제야.
하지만 이 문제에 직접적인 수혜와 피해를 입는 건 누굴까? 맞아 아이들이야. 그러니 이 문제를 그냥 어른들의 결정에만 맡길 것이 아니라, 우리도 한 번 생각해 보는 게 좋겠지?

습관이 지구를 살린다!

소비를 줄이는 습관 세 가지

1 대형 마트에서 대량의 물건을 구입하기보다는 동네 슈퍼에서 꼭 필요한 물건만 구입하자!
2 내가 속한 지역에서 생산된 물건을 사자! 그래야 농촌을 보호하고 에너지의 소비도 줄일 수 있다.
3 5R(Reduce, Recycle, Reform, Refuse, Reuse)운동 실천!
① 새것보다는 중고품을 사용하자 ② 리폼이나 ③ 재활용을 통해 쓰레기 발생을 줄이자 ④ 자동차 한 대를 생산하는데 발생하는 탄소가 자동차를 2년 동안 운행할 때 발생하는 탄소량과 같다. 그러니 자동차나 휴대 전화는 가급적 오래 사용한다 ⑤ 교복이나 아기용품 등은 이웃과 나누어 쓰자.

우리가 밟고 있는 지구의 땅 속은 우리가 상상하는 것
이상으로 뜨거운 액체(마그마)가 녹아 있어.
이런 마그마의 활동이 예고 없이 땅으로 표현되면
그 엄청난 에너지로 지표가 흔들리거나 땅이 갈라지는데 이를
지진이라고 해.
이 힘은 워낙 커서 인간의 힘으로
도저히 통제할 수 없기 때문에 우리는 이를 천재지변이라고
하지.
일본, 중국, 아이티 등 지진은 태평양 인근의
나라에서 예고 없이 발생하고 있어.
2010년 1월 12일, 아이티에서 대지진이 일어났어.
이번 지진으로 아이티는 전체 인구의 1/3인 300만 명이
피해를 보았고 45,000~50,000명 정도가 사망했다고 해.
그럼 긴박했던 아이티의 지진 상황을 들어볼까?

국제 구호 활동 8
위험한 지구

긴급
구호

Haiti

트위터로 전해진 아이티 대지진

　엄마랑 이 층에 있는 침대에서 자고 있는데, 갑자기 꿍하는 소리와 함께 벽이 흔들렸어요. 처음에는 트럭이 우리 집을 들이 받은 줄 알았어요. 하지만 엄마의 "빨리 침대 아래로 엎드려!"라는 소리와 함께 벽이 무너지기 시작했어요. 정신을 차려 보니 길거리에 사람들이 쏟아져 나오기 시작했어요. 전봇대는 도미노처럼 우르르 쓰러져 있고, 전깃줄은 여기 저기 끊어져서 스파크를 내며 실타래처럼 풀려 있었어요. 이곳저곳에서 울부짖는 비명 소리가 들렸어요. 전기가 끊겨서 도시 전체가 암흑천지로 변했어요. 휴대 전화도 잘 터지지 않아서 제 휴대 전화 문자메시지로 트위터에 겨우 올리고 있어요. 너무 무서워요. 제발 도와주세요.

알아보기!
:: Help me please!

우리가 자고 있던 지난밤 동안 대한민국 반대편 나라 아이티에서 끔찍한 일이 일어났어. 바로 대지진이 일어난 거야.

'S.O.S(살려 주세요), S.O.S(살려 주세요)'
'HELP(도와주세요), HELP ME PLEASE(제발! 도와주세요)'

이건 여러분도 잘 알고 있는 미니 블로그 '트위터^{twitter}를 통해 올라온 글들이야. 그리고 위에서 소개한 글을 보면 아이티의 상황이 얼마나 절박했는지 알 수 있을 거야.

한국에서도 2~3년에 한 번씩 아파트 벽이 '바르르' 떨리는 등의 미세한 지진이 일어나고 있어. 하지만 이번 아이티 지진의 규모는 대통령이 살고 있는 궁전 건물이 무너지고 멀쩡한 도로가 끊어질 정도였다고 해.

이웃 나라 일본도 크고 작은 지진이 일어나고 있어. 철길, 고속도로가 엿가락처럼 휘어지고 그 위에 버스 한 대가 가까스로 대롱대롱 매달려 있는 장면을 본 적이 있을 거야. 대지진이 무서운 이유는 인간의 힘으로는 어쩔 수 없는 천재지변이기 때문이야.

자, 이제부터 급박했던 아이티 지진 현장으로 함께 떠나보도록 하자.

출동, 국제 구호!

::아이티 대지진 현장으로 긴급 출동!

_지진 발생 48시간 경과

한국의 '119 구조대' 아저씨들과 찾아간 아이티의 대지진 현장은 마치 전쟁터를 방불케 했어. 강진이 휩쓸고 간 자리는 돌덩이와 사람들의 시체만 남았어. 기온은 한국 한여름 날씨인 섭씨 30도를 웃돌아서 정말 말도 못 하게 더웠어.

이곳은 정말 참담해. 무너진 건물과 여기저기 피를 흘리며 쓰러진 사람들, 그리고 손수건으로 코를 틀어막지 않으면, 시체 썩는 냄새와 오물의 악취로 도저히 숨을 쉴 수가 없어.

좀비 영화에 나오는 도시처럼 온전한 빌딩이나, 전봇대를 찾아보기 어려워. 도시 전체가 죽은 것처럼 적막하면서도 순식간에 '날벼락'을 맞은 시민들의 통곡 소리가 밤새도록 들려올 뿐이야.

길거리 한복판에 있는 시신들은 담요는커녕 비닐로 대충 덮어 놓았고 그 시신 위로 파리가 들 끓는 장면은 차마 눈뜨고 볼 수 가 없어. 구사일생으로 살아남은 아이티 주민들은 식량과 먹을 물을 찾아 이웃 나라 도미니카 공화국으로 몰려가고 있다고 해.

대지진이 발생하기 전에도 아이티는 가장 가난한 나라 가운데 하나였어. 지진이 일어나기 전에도 이들은 진흙과 마가린을 섞어서 만든 진흙과자로 끼니를 때울 정도였거든.

병원, 상점, 관공서 등 대부분의 건물이 무너져 세계 각국에서 온 구호팀은 천막으로 임시 건물을 마련해 캠프로 쓰고 있어. 한국에서도 의료진들이 아이티로 급파됐어. 그나마 지진의 피해를 덜 입은 인근 페레스 지역의 병원에는 부상을 입은 환자들도 북새통을 이뤘지.

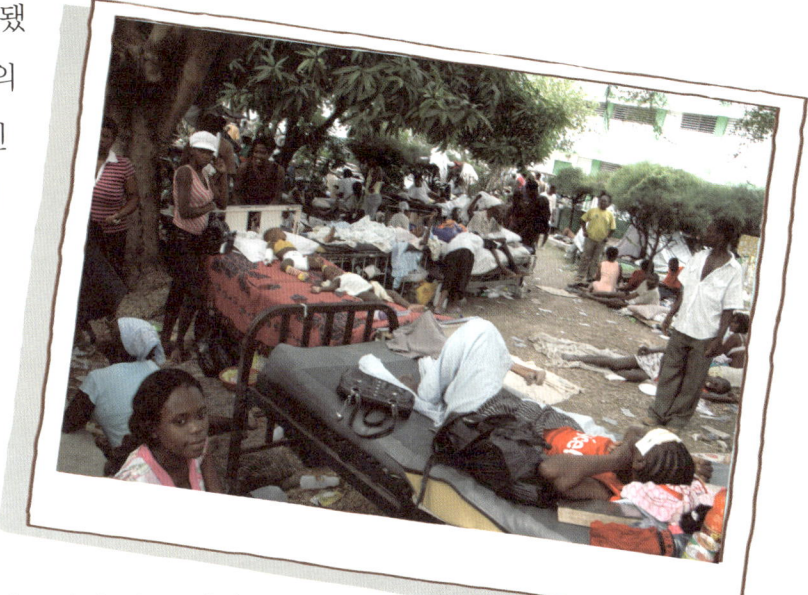

우리 구호팀이 찾아간 3층짜리 병원은 응급실이 따로 없어. 사람이 누울 공간만 있으면 그곳이 곧 병실이자, 응급실이야. 건물의 모든 복도와 바닥에 환자들이 드러누워 있었고, 침대도 따로 없었어. 무너진 건물에 깔리면서 팔과 다리가 부러진 환자가 너무 고통스러운 나머지 신음소리도 내지 못하고 있어. 병원에 누워서 치료를 기다리는 것은 차라리 다행이야. 병원 밖에는 아직 들어오지도 못한 환자들의 행렬이 끊임없이 펼쳐져 있으니까. 전기가 끊겨 수술할 때 비추는 조명시설도 엄두를 못 내고 겨우 손전등 여러 개를 비춰 수술 부위를 찾아서 마취를 하고 시술을 하는 상황이야.

'국경없는 의사회' 등 의료진들은 붕대를 자르는 시간을 줄이려고 이발소 아저씨처럼 가위를 아예 허리춤에 차고 다니며 이리 저리 움직이고, 또

다른 간호사 언니는 점심을 먹을 시간도 없이 빵 한 조각을 입에 물고 환자들을 보살피고 있었어.

_지진 발생 72시간 경과

사흘이 지나자 선량했던 시민들의 눈빛이 변했어. 나는 인간의 가장 기본적인 욕구인 '식욕'이 해결 되지 않으면 사람이 어떻게 변할 수 있는가를 똑똑히 목격했어.

바로 어제까지만 해도 가족의 죽음으로 밤새도록 눈물을 흘리며 '신'을 찾던 사람들이 사나흘 이상 굶주리자 점점 과격해지기 시작했어.

국제 구호 단체들이 식수와 먹을 것을 나눠주지만 이미 희망을 잃은 시민들은 한 손에는 정글 칼을 들고 먹을 것을 서로 차지하려고 폭력을 행사하기 시작했거든. 그들에게 가족과 이웃의 의미는 이미 없었어. 오로지 자기가 살기 위해서는 빵 한 조각 물 한 모금이라도 먼저 먹어야 했으니까.

구호대의 트럭이 도착하면 어디선가 수백 명의 사람들이 우르르 몰려들었어. 마치 하이에나처럼. 이 가운데는 어린 소년, 소녀들도 꽤 있었고 여성들도 눈에 띄었지만, 정글 칼과 심지어 총까지 들고 있는 건장한 남성들은 이들을 밀쳐내고 구호품을 독차지 하려 안간힘을 썼어.

이런 가운데 대지진 당시 아홉 살짜리 소녀가 무너진 집 잔해에 깔린 채 이틀간 생명을 이어갔지만 제때 구조의 손길을 받지 못해 끝내 목숨을 잃었다는 얘기도 들려왔어. 그 소녀의 이웃과 친구들이 수북이 쌓인 건물 잔해 더미를 뚫고 구조하는 데 성공했지만 이미 팔다리가 잘리고 피투성이가 된 그 소녀는 한 번 감았던 눈을 다시는 뜨지 못하고 말았어.

소녀와 같이 희생된 시신이 이루 셀 수가 없어. 아이티 정부와 구호팀은 아예 굴착기를 동원해 공사장의 흙을 퍼 나르듯이 시체들을 수북이 쌓아 놓고 있는 정도여서 앞으로 얼마나 더 많은 희생자가 생길지조차 알 수 없다고 해.

긴급 구호 필요할까?

{ 긴급 구호란 무엇일까? }

화수초등학교
4학년 전은비

나는 아이티 지진 현장에 다녀온 뒤 곧바로 긴급 구호가 무엇인지 조사해 봤어. 긴급 구호란, 지진, 홍수와 같은 자연재해와 전쟁과 같은 모든 재난을 관리하고 대응하는 전 과정을 말해. 긴급 구호 사업은 크게 세 가지로 나뉘는데, 재난예방과 대비, 긴급 구호, 복구 그리고 재건이라고 해.

이번 아이티 대지진의 경우는 상황이 너무 급박했기 때문에 대비할 겨를도 없이 바로 현장에 투입해서 한 사람의 생명이라도 건져야 했지. 대지진과 같이 언제 어디서 발생할지 모르는 천재지변을 인간의 힘으로 막을 수는 없지만, 이런 상황은 언제든 생길 수 있기 때문에 사전에 준비해야 한다는 것을 이번 구호 활동을 통해 알았어.

다음으로 아이티처럼 실제 긴급 구호 상황이 생기면 국제 구호 단체들은 현장 조사를 통해 주민들의 욕구를 파악 생존에 필요한 필수품을 제공하고 있어. 하지만 아이티의 경우는 피해 규모가 너무 큰 나머지 주민들이 질서를 지키지 않고, 통제가 이뤄지지 않으면 국제 구호의 손길도 무용지물이 될 수 있다는 것을 깨닫게 해 줬어.

오죽하면 미국, 프랑스 같은 나라는 군인까지 투입해서 질서를 유지하려고 했겠어. 그렇지만 사나흘씩 굶주린 아이티 이재민들에게 질서나 이성을 바라는 것은 어찌 보면 무리한 생각이 아닌가 싶기도 해. 상황이 어느 정도 진정되기 시작하면 마지막으로 주민들이 고향으로 돌아가서 다시 정착할 수 있도록 복구와 재건사업을 지원해야 해.

  가장 중요한 식수 위생 사업, 보건과 영양 사업을 벌이고 때에 따라서는 도로와 주택 재건 사업을 펼치기도 해. 그런데 이런 긴급 구호 사업은 말 그대로 72시간 내에 이뤄져야 한다는데 왜 그럴까?

{긴급 구호, 왜 72시간 안에 이루어져야 할까?}

신도초등학교
5학년 왕철이

아이티 지진 현장으로 출동했을 때 비행기에서 내려다본 수도 포르토프랭스의 모습이 아직도 눈에 선해. 중남미의 아름다운 도시가 마치 고대 그리스 시대의 유적지처럼 폐허로 무너진 것을 떠올리며, 그 안에서 죽어가던 시민들의 비명 소리가 아직도 귓가에 생생하게 들리는 것 같아.

은비가 궁금해 했던 '72시간 원칙'은 재해 상황에서 아주 중요한 의미를 갖는다고 해.

사람들이 지진, 태풍 등 재해를 입은 지 3일(72시간)이 지나면, 탈수증세, 정신적 스트레스, 다친 곳의 악화 등으로 생존율이 급격히 떨어지거든.

24시간 내에 구조를 받으면 10명 중 7명은 목숨을 구할 수 있지만, 72시간이 지나면 구조의 손길이 미치더라도 생존할 확률은 10명 중 1명에 불과하대. 그래서 72시간 원칙이 중요한 거야.

하지만 의사들은 식량이 없어도 최소한의 물이 있고, 체온 유지를 할 수 있으면 생존할 가능성이 있다고 하지.

실제로 2008년 중국 쓰촨 성 대지진 때도 건물에 깔린 한 아저씨가 담뱃갑 종이에 자신의 소변을 담아 먹고 100시간을 견딘 일이 있어.

하지만 지진이 자주 일어나는 일본은 48시간 내에 해외 재난 지역에 의료진을 보내기 위해 공항에 늘 병원 조립 세트와 의료기기와 약품을 준비하고 있대. 일본이 '구호 선진국'으로 꼽히는 것도 다 이유가 있었네.

{ 긴급 구호의 체계적인 원칙은 무엇일까? }

선일초등학교 6학년 서미미

유엔이나 비정부 간 국제기구*는 긴급 구호가 필요한 재난의 상황을 크게 세 가지로 나눠놓았어.

1단계 위기 상황은 재난을 당한 나라 안에서 문제를 해결할 수 있는 상황을 말하고, 2단계는 그 나라가 속한 대륙의 범위 안에서 피해를 복구할 수 있는 규모를 말해. 그리고 이번의 아이티 대지진처럼 전 세계가 힘을 합쳐서 피해 국가의 시민들에게 도움을 주는 것이 3단계야.

전 세계에서 모인 구호팀은 긴급 구호의 상황에서도 몇 가지 중요한 행동 원칙을 지키고 있어. 가령 인종, 종교, 국적에 관계없이 도움이 가장 필요한 사람부터 돕는다는 실천 규범이야. 그런데 이러한 인도적인 지원이 그 나라 정부의 정책의 도구로 이용되지 않도록 해야 해.

이 밖에도 특정한 정치 이념이나 종교적 신념을 확산시키려고 인도적 지원을 이용하는 것도 금지한다고 해.

긴급 구호 현장에 투입되는 물자 세트도 대부분 미리 정해져 있어. 이 물자 세트는 살기 위한 최소한의 물품들로 이루어져 있는데, 편의점에서 살 수 있는 간

★비정부 간 국제 기구. 민간 국제 협력으로 설립된 조직을 말한다. 영어로는 Non Government Organization 라고 하며 줄여서 NGO 라고 한다.

148

이 세면 세트 같은 것을 떠올리면 이해가 빠를 거야.

약 1만 원 하는 '긴급 물자 세트'에는 10리터 물주머니, 물 없이도 먹을 수 있는 고단백질 비스킷, 손전등, 비누, 플라스틱 깔판 등이 있어. 조금 더 비싼 세트에는 음식을 직접 조리할 수 있도록 조리용 열기구, 프라이팬, 밀가루, 식용유 등이 포함되기도 해.

특히 비누가 반드시 물자세트에 들어가는데, 재해 지역의 경우 2차적으로 전염병이 발생할 확률이 높기 때문이야. 손만 잘 씻어도 전염병의 절반을 막을 수 있기 때문에 필수품으로 비누가 반드시 지급되는 거야.

생각 넓히기 :: 긴급 구호 다음 단계는?

아이티 시민들은 지진이 발생하기 전에도 매년 여름이면 홍수로 수천 명씩 집을 떠나야 하는 원래 가난한 나라였지. 이번 긴급 구호가 당장 길거리에서 떠돌고 있는 시민들에게 임시방편으로 생명을 이어갈 수 있도록 했지만 이들을 도울 보다 근본적인 방법은 없을까?

긴급 구호는 마치 응급 환자를 병원으로 옮겨 수술을 받도록 하는 것처럼 최소한의 조치를 취한 것에 불과해. 그래서 유엔이나 비정부 간 국제기구들은 긴급 구호, 재난 복구에 이어 주민들이 스스로의 힘으로 일어설 수 있도록 단계별로 지원을 하고 있는 거야. 우선 세계 각국에서 아이티 재건 기금(수십 억 달러)을 마련해서 시민들에게 꿈과 희망을 주는 것이 가장 중요해.

그런데 지원 받은 돈이 제대로 시민들의 재건 사업에 쓰일지 어떻게 알 수 있을까? 대다수 개발도상국들의 사례처럼 아이티도 무능하고 부패한 정부와 관료들로 시민들의 고통이 심해지고 있는 것도 사실이야.

가장 기본적인 일은 아이티 시민들이 재건을 주도하고, 유엔이나 비정부 기구 구호 단체들이 그들의 자립을 곁에서 도우며, 재건 기금이 투명하게 쓰일 수 있도록 감시하는 거야.

미국, 중국 등 선진국들이 이번 지진 사태 때 아이티의 치안이 불안하다고 자국의 군대까지 보내고 있는데, 질서 유지를 위해서 필요한 일일까? 오히려 상황이 긴박하더라도, 잘살고 힘센 나라의 군대보다 유엔 평화 유지군 같은 중립적인 군대나 기구가 아이티에서 활동하는 것이 옳지 않을까 생각해.

아이티는 한 때 고무, 면화, 커피 같은 천연자원이 풍부해서 15~16세기에는 중남미에서 가장 잘 사는 나라였다고 해. 하지만 프랑스 등 서양의 열강들이 아이티의 천연 자원을 탐내서 주민을 학살하고, 괴롭힌 아픈 역사를 가지고 있어. 이번의 대지진을 계기로 잘사는 나라의 군대가 또 다시 아이티의 땅을 밟는다면, 세월이 지나 아이티의 재건이 이뤄지더라도 군대를 파병한 나라에서 뭔가 대가를 바라지는 않을지 모르겠어.
예전에 이 나라를 식민지로 거느렸던 프랑스는 실제로 아이티 지진을 명분으로 군함을 보내기도 했어.
아이티 국민들에게는 대지진을 딛고 일어서는 물리적인 재건 사업 못지않게 국가의 진정한 독립이라는 짐도 짊어지게 됐어.

클릭으로 지구촌 구조 참여할까?

우리에게 가장 익숙한 컴퓨터로 지구촌의 다른 곳의 상황을 알 수 있는 방법이 있어. 우리나라는 'IT 강국'이라는 좋은 인프라를 활용 어른들이 나눔의 정신을 체험할 수 있는 장치를 만들었어. 그것도 우리에게 익숙한 인터넷을 가지고 말이야. 세계 식량 계획(WEF)에서는 교육용 컴퓨터 게임으로 전 세계의 기아와 가난, 재해로 고통받는 사람들에게 긴급 구호 활동을 벌이는 내용을 컴퓨터로 체험할 수 있게 해 놓았지. 모든 사람이 자신이 하던 일을 미뤄 놓은 채 전 세계의 어려운 이웃을 도우러 갈 수는 없는 일이지. 교육용 게임 내용은 여러분이 실제로 구호 활동을 하는 것과 비슷해. 인도양의 가상의 섬에 난민들에게 전달될 구호 물품을 신속하고 정확하게 내려놓는 일(퀘스트)를 해야 하는 게임이지.
한국에서도 접할 수 있게 우리나라 언어로 된 '푸드포스'라는 게임이 긴급 구호를 간접적으로 체험할 수 있도록 했대.

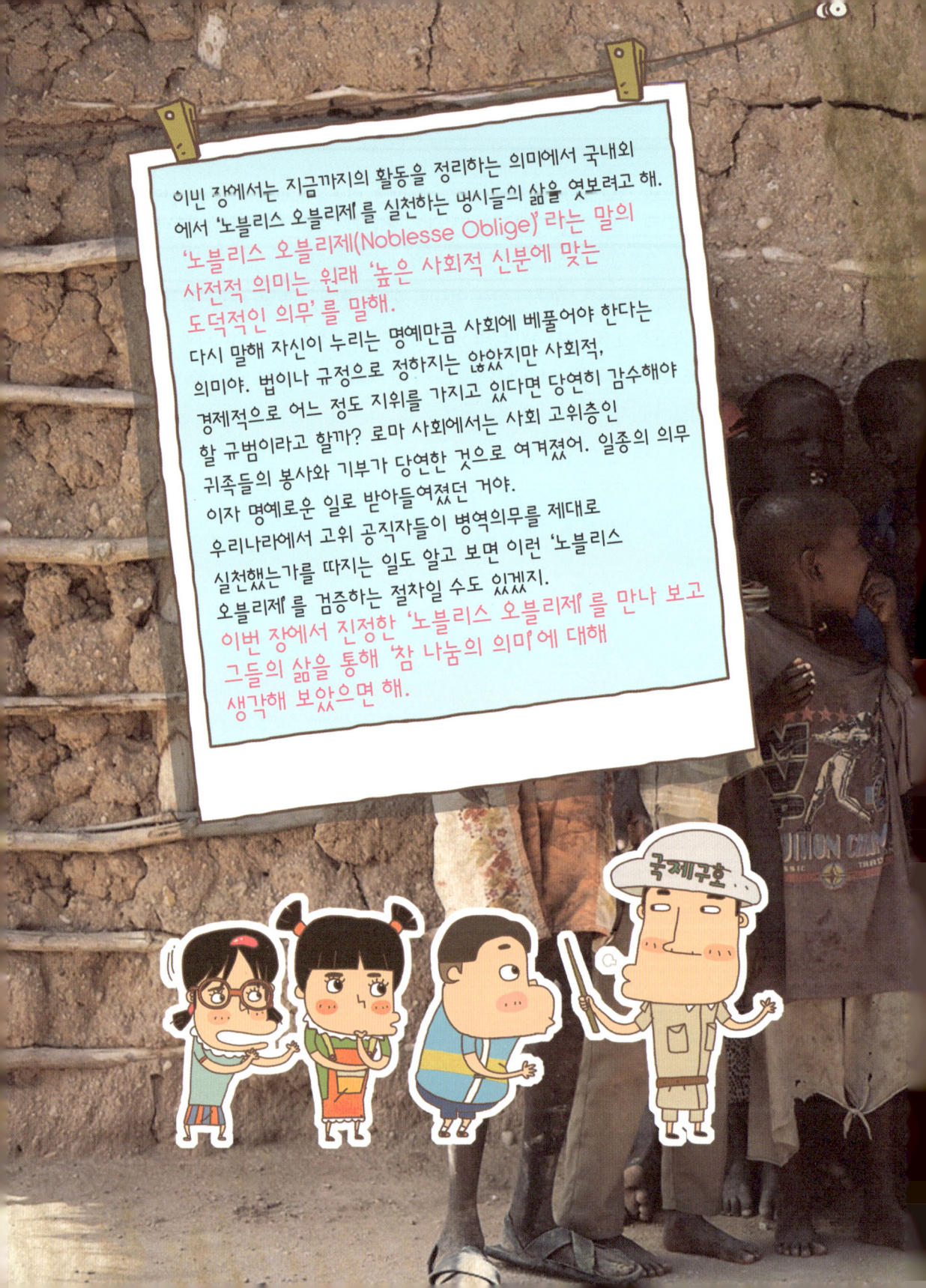

이번 장에서는 지금까지의 활동을 정리하는 의미에서 국내외에서 '노블리스 오블리제'를 실천하는 명사들의 삶을 엿보려고 해. '노블리스 오블리제(Noblesse Oblige)'라는 말의 사전적 의미는 원래 '높은 사회적 신분에 맞는 도덕적인 의무'를 말해.
다시 말해 자신이 누리는 명예만큼 사회에 베풀어야 한다는 의미야. 법이나 규정으로 정하지는 않았지만 사회적, 경제적으로 어느 정도 지위를 가지고 있다면 당연히 감수해야 할 규범이라고 할까? 로마 사회에서는 사회 고위층인 귀족들의 봉사와 기부가 당연한 것으로 여겨졌어. 일종의 의무이자 명예로운 일로 받아들여졌던 거야.
우리나라에서 고위 공직자들이 병역의무를 제대로 실천했는가를 따지는 일도 알고 보면 이런 '노블리스 오블리제'를 검증하는 절차일 수도 있겠지.
이번 장에서 진정한 '노블리스 오블리제'를 만나 보고 그들의 삶을 통해 '참 나눔의 의미'에 대해 생각해 보았으면 해.

국제 구호 활동 9
함께하는 지구

명사들의 노블리스 오블리제

::조선 시대 최고의 여성 사업가 김만덕

'김만덕'이라는 이름을 들어본 적이 있니? 김만덕은 조선 시대 유명했던 여자 상인이야. 거상 김만덕이 살았던 시대는 조선 시대 정조 왕 때야. 당시 제주도에 극심한 흉년이 들어 제주도 주민들이 먹을 식량이 없어 고통을 받자 조정에서 구호 식량을 실은 배를 제주도로 보냈어.

하지만 식량을 가득 실은 이 배마저 바다에 침몰하자 김만덕은 자신의 개인 재산을 기부해 육지로부터 쌀 500석 1,000 가마을 구입해 이웃에게 나눠 주었지. 나라에서도 하지 못했던 일을 한 여인이 해냈던 거야.

김만덕은 본래 제주의 양반집 딸로 태어났지만 어려서 부모를 잃었어. 이후 김만덕은 스무 살 때부터 장사를 시작해서 수년 만에 부자로 전국에 이름을 날렸지. 세상에 부러울 것 없을 정도로 많은 재산을 모았다고 해.

하지만 제주 사람의 3분의 1이 굶어 죽을 정도의 큰 흉년이 들었을 때 김만덕은 그동안 피땀을 흘려서 모은 전 재산을 기부해 제주 주민들을 살렸어. 이후 그 사실이 전해져 정조 임금이 큰 상을 내리고, 그 나눔의 정신은 오늘날까지 전해 오고 있어.

자신이 평생 먹지도 입지도 않고 모은 전 재산을 아무런 조건 없이 다른 사람을 위해 기부한 것은 정말 쉽지 않았을 거야.

::김밥 한 줄에 담긴 숭고한 정신, 이복순 할머니

다음으로 얘기할 분은 '김밥 할머니'로 알려진 고(故) 이복순 할머니야. 이복순 할머니의 숭고한 삶도 감동적이야.

충청남도 홍성 지역에서 태어난 할머니는 1953년 남편이 세상을 떠나자 대전에서 김밥 장사를 시작했어. 넉넉지 못한 생활에도 늘 어려운 이웃을 도왔던 할머니는 주변 사람들로부터 존경을 받으셨지. 그렇게 입고 싶은 것 먹고 싶은 것을 참아가며 한 푼 두 푼 모든 재산은 어느새 눈덩이처럼 불어났어. 기업이 아닌 개인이 평생 모은 재산을 쾌척한다는 것 역시 쉬운 결정은 아니었을 거야. 복권에 당첨된 '일확천금'도 아니고, 평생 김밥을 싸며 모은 돈이잖아. 1990년, 할머니는 그동안 김밥 장사를 하며 40년간 모은 전 재산 약 50억 원을 지역의 대학교에서 기부해 세상을 놀라게 했어.

:: '창조적 자본주의'를 강조한 빌 게이츠

인간의 본성에는 두 가지 위대한 점이 있다고 저는 생각합니다. 바로 자기 이익과 다인에 대한 배려가 그것이지요.

현재의 자본주의는 자신의 이익을 높이려는 인간의 본성을 바탕으로 경제 발전을 이루었습니다. 그러나 이러한 이익은 구매 능력이 있는(여유 있는) 이들에게만 혜택이 돌아갔습니다.

물론 정부와 자선 단체에서 구매력이 없는 이들을(저소득층) 돌봐주고는 있지만 이들의 요구를 충족시키기에는 턱없이 부족하지요.

우리가 해야 할 일은 부유한 사람들에게만 주어졌던 자본주의 혜택이 가난한 사람들에게도 돌아갈 수 있도록 그 방법을 찾는 것입니다.

마지막으로 저는 훌륭한 생각을 갖고 계신 많은 분이 이 문제를 해결하기 위해 시간을 투자해 주시기를 바랍니다.

기업과 정부 그리고 비정부기관과 미디어 등등 자신들이 가지고 있는 기술과 정보를 활용해 인류를 위해 기여해 주실 것을 부탁드립니다. 이러한 정보가 바로 창조적 자본주의의 중요한 요소입니다.

이상은 빌 게이츠라는 기업인이 2008년에 다보스 포럼이란 곳에서 연설한 내용의 일부를 쉽게 정리한 거야. 마이크로소프트사의 빌 게이츠 전 회장은 2008년 이 연설을 마친 뒤에 자신의 재산인 580억 달러(67조원)를 빌 & 멜린다 게이츠 재단에 기부했어. 연설처럼 그동안 자신이 사업으로 번 돈을 어려운 이들에게 돌려주겠다는 거야. 그리고 그는 이런 말도 했어. 단 1달러도 자녀에게 상속하지 않겠다고.

  기부금의 규모도 놀랍지만 우리나라처럼 자녀들에게 자신의 재산을 물려주지 않고, 전 세계의 기아와 개발도상국의 발전을 위해서 기업과 시민들, 국가들의 참여를 이끌어 냈다는 점에서 그의 실천에 세계가 주목하고 있어.

  빌 게이츠는 가난한 나라의 기업이 부자 나라의 시장에 접근할 수 있도록 제안했으며, 공정 무역 제품 소비를 위한 '레드캠페인'을 실천하기도 했어. 특히 '창조적 자본주의'라는 개념을 도입해, 기본의 경제학 이론을 넘어서 새로운 제안을 했다는 사실이야. 창조적 자본주의란, 쉽게 말해 사업과 자선 사업을 함께 하자는 말이야.

  우리가 지구촌을 누비면서 다른 나라 친구들을 도왔듯이, 타인의 운명에 대한 관심을 자신의 운명과 연결시켜 자신의 삶 또한 향상시킬 수 있다는 믿음을 가지고 있어.

::150년간 대를 이어 기부를 실천하는 록펠러

미국 역사상 최고의 부자는 누구일까? 위에서 언급한 빌게이츠와 같은 거부도 있지만, 역사적으로 석유왕 존 D. 록펠러를 최고의 갑부로 꼽는 데 누구도 이의를 제기하는 사람은 없을 거야.

"최대한 돈을 벌고, 최대한 사회에 환원한다"는 원칙은 창업자 록펠러에서부터 현재에 이르기까지 150년간 록펠러 가문에 이어지고 있어.

1839년 미국 뉴욕에서 태어난 존 D. 록펠러는 24살에 클리블랜드에 문을 연 정유소가 번창하면서 석유사업에 뛰어들게 됐어. 1870년에는 자본금 100만 달러 규모의 주식회사를 만들고 오하이오에 '스탠더드석유회사'를 창립하면서 재산을 늘려갔어.

하지만 사업에서 실패를 모르던 그는 54세에 몸이 극도로 약해져 더 이상 살지 못한다는 진단을 받았어. 록펠러는 1년밖에 살지 못한다는 진단을 받고 마지막 검진을 위해 병원에 갔다가 그곳에서 딸의 입원비가 없어 울고 있는 모녀를 보고 도와준 뒤 자선사업에 뛰어들게 되지.

그는 병원 로비에 걸린 '주는 자가 받는 자보다 더 복되다'란 글귀를 보고 새로운 삶을 살려는 결심을 했다고 해. '지성이면 감천'이라고 했던가? 자선 사업을 하기로 결심한 이후 그의 몸은 기적과도 같이 빠르게 좋아져 록펠러는 결국 98세까지 장수했대.

존 록펠러는 시카고 대학 설립을 위해 6,000만 달러 이상을 기부하고 그 후에도 3억 5,000만 달러를 더 보탰어. 록펠러 재단, 일반 교육 재단, 록펠러 의학 연구소 등을 설립하기도 했어.

엄청난 부를 모았어도 존 록펠러는 근검절약과 근면, 성실한 사업가로 알려져 있어. 또한 평생 일기를 쓰듯 개인 회계 장부를 쓰고 금욕적으로 생활했다고 해. 이런 전통은 후손들에게도 이어졌고.

　외아들인 록펠러 2세는 물려받은 재산을 전부 쏟아 부을 정도로 자선, 의료, 교육, 문화사업에 공을 들였어. 현재까지 대부분의 미국 국민들로부터 존경을 받고 있는 록펠러 가문의 자선 활동은 자녀들의 올바른 용돈 교육에서 시작됐다고 보는 사람들이 많아.

　천문학적인 돈을 벌고 있으면서도 록펠러는 자녀 용돈 관리에는 엄격했대. 아들 록펠러 2세와 딸들에게 어릴 적부터 용돈 기입장을 쓰도록 했고. 이런 가풍은 록펠러 2세에게 그대로 이어져 매주 토요일 저녁이면 그는 자녀의 용돈 기입장을 직접 검사했다고 해.

지구촌 모든 어린이에게 풍성한 삶을!

"월드비전과 함께 지구촌 아이들에게 여러분의 사랑을 전하세요"

월드비전은 전 세계 97개국에 1억 명이 넘는 어려운 이웃을 돕는 기독교 국제 구호 개발 NGO입니다. 모든 어린이가 풍성한 삶을 누리고 모든 사람들이 이를 실현하도록 노력해 왔습니다. 한국 전쟁의 폐허 속에서 태어난 월드비전은 60여 년 동안 세계 곳곳의 어려움에 처한 사람들을 도왔습니다. 특히 월드비전 한국은 도움을 받던 나라에서 주는 나라로 성장했습니다. 이후 구호 사업의 전문성을 인정받아 2006년에는 국내 NGO 가운데 유일하게 WFP(유엔의 세계 식량 계획 기구) 공식 협력 기관이 되었답니다.

후원참여

| 해외아동후원 | 매월 3만원의 정기후원으로 어린이가 사는 지역사회의 발전을 통해 한 어린이가 건강하고 안전하게 자랄 수 있게 지원할 수 있습니다.

| 국내아동후원 | 매월 5만원의 정기후원으로 결연아동 학자금 지원은 물론 가족 생활비 지원, 월드비전 복지관을 통한 복지서비스를 지원합니다.

월드비전 홈페이지를 방문하시면 구호 관련 다양한 정보를 열람할 수 있습니다.
월드비전 홈페이지 _ www.worldvision.or.kr